ISBN 978-2-37087-040-7
Copyright © 2016 Florence Delorme
Tous droits réservés.

# État d'Urgence

## Comédie

Florence Delorme

# Personnages

### Par ordre d'entrée en scène

Sarah, épouse de Loïc. Entre vingt-cinq et quarante ans, passablement vulgaire dans ses manières et son habillement,

Loïc, mari de Sarah. Entre vingt-cinq et quarante ans, sportif, prototype du « beauf » ou de l'abruti,

Julie, fille de Julie, sœur de Quentin, adolescente, s'effraie de tout et dramatise beaucoup,

Iris, mère de Quentin et Julie, tente de tout apaiser autour d'elle sans y parvenir vraiment, pleine de bonnes intentions,

Quentin, fils d'Iris et frère de Julie, adolescent joyeux et passablement inconscient, plutôt courageux,

Madeleine, femme âgée assez acariâtre et susceptible. Elle aime mieux son chat que bien des gens,

Anne-Sophie, créature sans âge, persuadée de sa supériorité sur le reste de l'humanité du fait de sa naissance et de sa fortune,

Marina, gouvernante d'Anne-Sophie, un peu âgée, extrêmement patiente et bienveillante,

Vlad, jeune médecin roumain en vacances, insouciant et curieux,

Manu, employé municipal, entre vingt-cinq et quarante ans, pas très dégourdi ni courageux. Un « brave type », sans plus,

Leila, jeune fugueuse.

# Le lieu

*Toute l'action se passe dans des locaux de colonie de vacances mis à disposition pour servir d'abri à des populations déplacées. Mobilier fonctionnel et sans âme. Une table, des chaises ou des bancs.*

# Scène première

*Sur la scène, l'intérieur de l'abri où va se passer toute la pièce. Une grande table de réfectoire, des bancs. La scène est dans l'obscurité. Sarah et Loïc entrent par le fond de la salle, portant des valises. La voix off les arrête.*

**Voix Off.** Hier, à 15 heures.
*Sarah et Loïc viennent devant la scène et jouent le flash-back.*

**Sarah.** On est relogés d'urgence. La lettre était collée sur la porte. Ils ont sonné plusieurs fois, mais j'ai pas répondu, on n'a pas payé le loyer, je croyais que c'était pour ça.

**Loïc.** Hein ! Relogés ? Fais voir… Putain, mais c'est quoi ce bordel ? C'est parce qu'on n'a pas payé ?

**Sarah.** Non, c'est sérieux, c'est l'armée qui s'occupe de l'évacuation. T'as pas entendu, à la télé ? Des terroristes ont balancé un gaz. Comme s'ils ne pouvaient pas nettoyer !

**Loïc.** Nettoyer… t'es marrante toi, c'est pas du lait qui s'est renversé ! C'est un gaz ! Tu veux qu'ils amènent un aspirateur géant ! Ça flanque la trouille quand même.

**Sarah.** Mais faut pas se laisser impressionner par ces gens, ils me font pas peur !

**Loïc.** Fais ta maligne ! « Pas peur, pas peur… » Moi, j'ai pas envie de respirer leur cochonnerie et de mourir dans d'atroces souffrances !

**Sarah.** Pff, je suis certaine que c'est des conneries tout ça !

**Loïc.** En attendant on va quand même préparer nos affaires au cas où… D'accord ?

**Sarah.** Alors va faire deux valises.

**Loïc.** Hein ! Ben, pourquoi moi ? Je sais pas ce qu'il faut mettre dedans.

**Sarah.** C'est pas compliqué de faire une valise ! Allez bouge !
*Sarah et Loïc reprennent leurs valises et sortent du côté de la scène.*

*Entrent Julie, Iris et Quentin, portant des valises. la Voix Off les arrête.*

**VOIX OFF.** Hier, à 17 heures
*Julie, Iris et Quentin viennent devant la scène et jouent le flash-back.*

**JULIE.** Maman, ça veut dire qu'on va mourir ?

**IRIS.** Mais non, ne t'inquiète pas, ils ont bien expliqué, le produit ne sera actif qu'au-dessus d'une certaine température, il n'a pas commencé à se diffuser.

**JULIE.** On va mourir, hein ?

**IRIS.** Julie, calme-toi, on va simplement prendre des affaires comme si on partait en vacances, et on retrouvera notre appartement quand tout sera fini.

**QUENTIN.** Mais on va aller où ? Et le collège ? Et nos copains ? Et comment on saura qu'on peut revenir ? Et comment papa va savoir où on est ?

**IRIS.** On va arrêter de paniquer ! J'ai prévenu votre père tout va bien. On va prendre ça comme une… comme une… super-aventure, voilà !

**JULIE.** D'accord… Mais, heu, t'es sûre qu'on ne va pas mourir ? Tu promets ?

**IRIS.** Mais oui. Allez faire vos sacs, Allez, on se détend, ça va être génial !
*Julie, Iris et Quentin reprennent leurs valises et sortent du côté de la scène*
*Entre Madeleine portant une valise et un panier fermé.*

**VOIX OFF.** Hier, à 20 heures
*Madeleine laisse sa valise et vient devant la scène avec son panier jouer le flash-back.*

**MADELEINE.** Et ben voilà, encore une fois on s'est fait avoir ! Je te foutrais une bombe moi, sur tous ces pays plein de fous furieux ! Bon débarras ! Pas sur les enfants, bien sûr, tu me prends pour qui, Titi ? Je n'irais pas faire du mal aux innocents. Ils ont dit, « les animaux de compagnie seront pris en charge », mais par qui, ça, ils n'ont pas dit ! T'imagine, mon Titi ! S'ils croient que je vais te laisser dans un refuge minable, alors là, ils me connaissent mal. Ne t'en fais pas, va, il n'est pas encore né celui qui arrivera à me séparer de toi ! Allez, mon Titi, au lit, on réfléchira à tout ça demain !

*Madeleine reprend sa valise et sort du côté de la scène.*

*Entrent Anne-Sophie portant un petit sac, suivie de Marina portant une énorme valise. Elles ne s'arrêtent pas et passent derrière la scène.*

*On entend Vlad chanter. Il entre par le fond de la salle. Il porte un sac à dos. Il vient devant la scène, jette un coup d'œil autour de lui puis sort du côté de la scène.*

*Entre Leila. Elle fuit quelque chose. Elle va se cacher dans les rideaux à côté de la scène.*

## Scène deux

> *Lumière sur la scène. Dans le gîte.*
> *Manu est en train de vérifier sa liste.*
> *Entrent Iris, Quentin et Julie, puis Madeleine.*

**MANU.** Bon, alors, un, deux, trois… onze. Bon, ça va aller… Parfait ! Ah ça y est, les voilà ! *(Entrent Iris et ses enfants.)* Bonjour et bienvenue ! Je suis le responsable de cette unité, détaché par la mairie. D'habitude, je m'occupe des espaces verts. Je m'appelle Emmanuel mais tout le monde m'appelle Manu, alors vous aussi, si vous voulez. Alors, vous, vous êtes ?

**IRIS.** Bonjour, Iris Caplet et voici, Quentin et Julie. On arrive du secteur Est, voilà notre affectation.

**JULIE.** Bonjour…

**QUENTIN.** Salut Manu !

**IRIS.** Quentin !

**MANU.** Non, non, il a raison, c'est mieux de faire simple !

**IRIS.** Comment ça va se passer exactement ? On n'a pas eu beaucoup de détails. On est logés comment et on va être combien ?

**MANU.** Là, on va être onze. Voilà la salle commune, c'est là qu'on mange et qu'on cuisine. Pour les chambres, bon, c'est pas le grand luxe, mais ça va. Par contre, les salles de bains et les toilettes sont au bout de chaque couloir.

**QUENTIN.** Ah, ouais, ça fait un peu colo quand même… Bon.

**IRIS.** Comment se passe le ravitaillement ?

**MANU.** Le ravitaillement, c'est moi qui m'en occupe.

**JULIE.** Et on a le droit de sortir comme on veut ?

**MANU.** Ah non, ça, ce n'est pas possible ! Une fois qu'on est là, on ne sort plus !

**QUENTIN.** Quoi ? Sérieux ? On n'a pas le droit de sortir ? Mais pourquoi ? On est loin de la ville là.

**MANU.** Ben, c'est dangereux quand même ! Vous n'avez pas entendu ?

**JULIE.** Ah ! Tu vois maman on va tous mourir ! Je te l'avais dit !

**MANU.** Hou là ! Je n'ai pas dit ça ! Non, non, on ne va pas mourir, enfin, pas là, tout de suite ! Enfin, je veux dire, je n'en sais rien quand on va mourir, mais en principe pas là tout de suite… mais bon, il ne faut pas sortir quand même.

**QUENTIN.** Pourquoi ? Puisqu'on ne risque pas de mourir… c'est pas dangereux !

**MANU.** Oui… Mais non… Écoute, je n'en sais rien, j'ai des consignes et je dois les appliquer : une fois que tout le monde est là, je ferme les portes et j'attends les nouvelles consignes. Voilà tout ce que je peux vous dire !

**IRIS.** Quentin, il n'y a pas que le risque de mourir qui est dangereux. On en a déjà parlé. Alors, dans le doute, on respecte les ordres, ça me semble plus simple. Principe de précaution.

**MANU.** Voilà ! C'est exactement ça ! Quentin, écoute ta maman ! Votre chambre est juste en face, c'est la plus grande, normal vous êtes trois.

**JULIE.** Quoi ? On dort tous les trois dans la même chambre ? Mais c'est pas possible, Quentin ronfle !

**QUENTIN.** N'importe quoi ! D'où tu sors que je ronfle ? Ça ne me réveille jamais !

**IRIS.** Non ! S'il vous plaît, ne commencez pas ! C'est une situation de crise, on prend ce qu'on nous donne et on ne perd pas de temps à râler pour rien ! C'est inutile !

**MANU.** Ah, vous me plaisez, vous ! J'espère que tout le monde va le prendre comme ça ! Et vous savez cuisiner ?

**IRIS.** Oui, ça va. Dites, vous avez une idée du temps que ça va durer ?

**MANU.** Non, pas d'informations précises, mais vu le monde sur le coup, ça va aller vite, ne vous en faites pas, un ou deux jours, trois au maximum.

**IRIS.** Merci. Vous voyez, le temps d'un week-end !

**MANU.** Parfait ! Bon, je vous laisse vous installer. C'est juste en face.
*Sortent Iris, Julie et Quentin.*
*Entre Madeleine.*

**MANU**, *à Madeleine*. Bonjour, je m'appelle Emmanuel, Manu pour les intimes.

**MADELEINE** Nous ne sommes pas encore intimes et puis je n'aime pas les surnoms. Si vos parents vous ont appelé Emmanuel, c'est qu'ils aimaient ça. Pas de raison de les vexer. Moi, c'est Madeleine, ni Mado, ni Madi, ni Leine, ni rien d'autre que Madeleine, d'accord Emmanuel ?

**MANU.** Pas de soucis, Madeleine ! Vous êtes seule ? Vous avez votre lettre ?

**MADELEINE**, *tirant son panier vers elle, inquiète*. Ça se voit que je suis seule ! Avec qui vous voulez que je sois ?

**MANU.** Hé, pas de problème, j'ai dit ça comme ça. Alors, vu votre âge, je vais vous mettre au premier, vous serez bien. Prenez la deuxième chambre en sortant.

**MADELEINE.** Qu'est-ce qu'il a de spécial mon âge ? Vous croyez que je suis incapable de monter un escalier ? J'habite au troisième sans ascenseur ! Je monte et je descends mes escaliers deux fois par jour minimum.

**MANU.** On n'est pas très bien partis tous les deux, hein ! On recommence… Bonjour, je m'appelle Emmanuel…

**MADELEINE.** Vous me l'avez déjà dit…

**MANU.** … vous devez être Madeleine, vous avez votre chambre juste en face, ce sont les plus confortables mais si vous préférez, je peux vous en passer une au deuxième, ce sera plus calme là-haut. C'est comme vous préférez.

**MADELEINE.** Et ben voilà, c'est parfait ça ! Le premier m'ira très bien ! Vous voulez bien me montrer ?

**MANU.** Je vous en prie Madeleine, après vous !
*Noir*

## Scène trois

*Vlad est assis dans la pièce principale, il boit un café. Anne-Sophie suivie de Marina entre en trombe.*

**ANNE-SOPHIE.** Où est-ce qu'il est ?

**VLAD.** Pardon ?

**ANNE-SOPHIE.** Le responsable ! Où est-ce qu'il est ?

**VLAD.** Bonjour. Il vient de sortir.

**ANNE-SOPHIE.** Comment ça, il est sorti ? Je croyais que c'était interdit.

**VLAD.** Si vous voulez manger, il vaut mieux que quelqu'un puisse sortir d'ici.

**ANNE-SOPHIE.** Et il en a pour longtemps ?

**VLAD.** Je ne sais pas. Vous avez un problème ?

**ANNE-SOPHIE.** Écoutez, c'est gentil d'avoir l'air de vous intéresser, mais vous n'êtes pas <u>le</u> responsable ? Si ? Non ! Alors, on va l'attendre !

**MARINA.** Ne vous en faites pas, il y a sûrement une solution.

**ANNE-SOPHIE.** Merci, Marina, si vous pouviez éviter de débiter des banalités… Évidemment qu'il y a une solution !

**MARINA,** *s'adressant à Vlad.* Il y a eu une erreur, nous nous retrouvons dans la même chambre.

**ANNE-SOPHIE.** Marina, ça ne concerne pas ce monsieur. Arrêtez de raconter votre vie au premier venu.

**VLAD,** *souriant, à Marina.* Je m'appelle Vlad. J'ai une chambre très bien, avec deux lits. Si ça peut être une solution, j'échange avec vous.

**MARINA.** Marina, enchantée, et voici…

**ANNE-SOPHIE.** Ça ira, merci, Marina. C'est une excellente solution, parfait ! Marina, allez chercher votre valise et installez-vous dans la chambre de monsieur. De toute façon, ce n'est sûrement que pour une nuit ou deux.

**MARINA.** Mademoiselle ! C'est franchement gênant, ce monsieur et moi, on ne se connaît pas !

**ANNE-SOPHIE.** Mais si, il vient de se présenter ! Et puis… vous n'avez pas l'habitude de partager la chambre d'un homme, vous allez apprendre des tas de choses !

**VLAD.** Je pensais plutôt échanger ma chambre avec vous…

**ANNE-SOPHIE.** Ah oui ! Et ça changerait quoi ? Nous aussi nous avons deux lits, le problème n'est pas là !

**VLAD.** Oh, je croyais qu'il n'y avait qu'un lit… Alors, où est le problème ?

**MARINA.** Mademoiselle ne veut pas… enfin vous comprenez, c'est un peu délicat, je suis sa gouvernante…

**VLAD.** Ah… Non, je ne comprends pas.

**ANNE-SOPHIE.** Franchement, ça n'a aucune importance que vous ne compreniez pas. Bon, alors, Marina, nous n'allons pas y passer des heures. Ce monsieur charmant vous propose de partager sa chambre… Le problème est réglé !

**MARINA.** Sans vouloir, vous vexer, Monsieur…

**VLAD.** Vlad…

**MARINA.** Vlad, je préférerais attendre le responsable, si des fois il y avait une autre chambre…

**VLAD.** Pas de soucis, je comprends, mais si jamais… ma proposition tient toujours, et ne vous inquiétez pas vous ne risquez rien avec moi.

**MARINA,** *un peu vexée.* Oui, oh, je me doute bien que vu mon âge vous n'allez pas me sauter dessus.

**VLAD.** Non, vous vous trompez, ça n'a rien à voir avec votre âge. Je vous assure.

**ANNE-SOPHIE.** Bon, c'est très bien tout ça. Je sens que vous êtes déjà très intimes… Marina, que ça ne vous empêche pas d'aller défaire mes bagages. Je vais dans la chambre, je dois envoyer des mails.
*Elle sort.*

**VLAD.** Pas très sympathique…

**Marina**. Non… Mais elle a aussi de bons côtés…

**Vlad**. Ça ne saute pas aux yeux.

**Marina**. J'aime bien votre accent, vous venez d'où ?

**Vlad**. Roumanie…

**Marina**. Ah… bon je vais défaire les bagages. À plus tard.

## Scène quatre

> *Leïla entre, elle regarde autour d'elle mais entendant du bruit elle ressort très vite, Loïc et Sarah entrent...*

**Loïc.** Tu crois qu'on va rester là longtemps ?

**Sarah.** Tant qu'ils n'ont pas trouvé comment se débarrasser du gaz toxique, on est coincés. J'en sais rien !

**Loïc.** Ouais... Elle est nulle, cette réponse !

**Sarah.** J'ai pas mieux !

**Loïc.** Mais je vais devenir dingue moi, enfermé ici, tu sais bien que j'ai besoin d'action.

**Sarah.** On va t'en trouver de l'action ! Je me disais que la petite bourge coincée, il devrait y avoir un moyen de la délester d'un peu de son pognon, tu crois pas ?

**Loïc.** Ah... Tu penses à quoi ? On n'a rien à lui vendre... On peut pas l'arnaquer...

**Sarah.** Non, mais on doit pouvoir trouver autre chose...

**Loïc.** Je pourrais lui vendre mon corps ! *(Sarah le regarde longuement, elle réfléchit.)* hé ! Je blaguais ! C'est pas du tout mon genre !

**Sarah.** Ah... Et depuis quand le gigolo a besoin que le pigeon soit son genre ? On ne te demande pas de tomber amoureux... De toute façon, je doute que tu sois son genre à elle, et dans ce sens-là c'est important !

**Loïc.** Ouais, ben le problème, c'est que quand c'est pas mon genre, je perds mes moyens ! Et puis, comment ça, je vais pas lui plaire ? Tu veux rire ! J'ai un charme fou ! *(Sarah se moque.)* Alors là, je parie ce que tu veux !

> *Entre Quentin en hâte.*

**Quentin.** Il est revenu, Manu ?

**Sarah.** Pas vu ! Pourquoi ?

**Quentin.** J'ai super-faim !

**Sarah.** Dis donc, il est où ton père ?

**QUENTIN.** Il est à l'étranger, il ne devait pas revenir avant quinze jours... Je ne sais pas s'il aura le droit de nous rejoindre.

**SARAH.** Et qu'est-ce qu'il fait à l'étranger ?

**QUENTIN.** Il bosse pour une boîte d'informatique, c'est un ingénieur assez balaise. Il voyage dans le monde entier.

**LOÏC.** Ça doit gagner de la thune un ingénieur ?

**QUENTIN.** Ben, ouais je crois que ça va... Pourquoi ?

**LOÏC.** Comme ça ! Je me renseigne pour mon bâtiment !

**QUENTIN.** Ton bâtiment ?

**LOÏC.** Ben, ouais, mon bâtiment personnel ! Qu'est-ce qu'on t'apprend à l'école !

**SARAH.** Mon édifice personnel... Qu'est-ce que t'es con !

**LOÏC,** *à Sarah, ton plaintif.* Hé, me parle pas comme ça devant les gens ! Bâtiment, édifice, c'est bien pareil !

**QUENTIN.** Ouais, c'est pas grave, c'est pareil, si tu veux...

**LOÏC.** Ah ! Tu vois, y me comprend, lui ! Alors, comme ça, ton paternel, il a plein de fric ? C'est drôlement intéressant, ça ! *(Quentin le regarde étonné, Sarah le regarde, atterrée.)* Quoi encore ?

**QUENTIN.** Bon, ben, si Manu n'est pas là, je retourne voir ma mère. Ah, et je crois bien qu'on dit « mon édification personnelle » mais c'est comme vous voulez.
*Il sort.*

**LOÏC.** Quoi ? Quoi... Quoi ! ?

**SARAH.** Mais tu le fais exprès ! Tu voudrais pas lui dire directement « on cherche quelqu'un à arnaquer parce qu'en ce moment on a besoin d'un peu de fric. »

**LOÏC.** Ah, quand même, je suis pas con à ce point ! Qu'est-ce que tu veux qu'il pige ? C'est un môme ! En même temps, il est pas con. Lui, au moins, il me comprend ! J'aime pas quand tu me prends pour un idiot devant les autres.

**SARAH.** Alors, sois gentil, ferme-la. Sinon, ça va être très dur !

## Scène cinq

*Manu entre, un carton dans les mains et en tenue de protection. Il leur fait peur.*

**SARAH**. Aah ! Pff… faut l'enlever avant d'entrer, votre tenue de camouflage !

**MANU**. Ah oui, pardon ! Voilà les provisions !

**SARAH**. C'est le môme qui va être content, il vous attend avec impatience.

**MANU**. Ouais, normal, à son âge on a toujours faim.

**LOÏC**. Qu'est-ce que c'est ? *(Il montre le carton de Manu.)*

**MANU**. Ben, les provisions ! Je viens de vous le dire…

**LOÏC**. Je pourrais pas vous remplacer un coup ? Je vais devenir dingue si je reste enfermé ici.

**MANU**. Ah, non, ce n'est pas possible de me remplacer, je suis vraiment désolé mais les consignes sont très strictes, ils ont pris mes empreintes, donc à moins de me couper la main… *(Il rit mais personne ne le suit.)* je rigole !

**SARAH**, *regarde le carton, sceptique*. Et dans ce petit carton il y a manger pour onze personnes… pour quatre repas… !

**MANU**, *mal à l'aise*. Oui, oui, je sais, faudra un peu se rationner, ce n'était pas facile de se servir, les autres sont bien plus nombreux et… je me suis servi en dernier. Mais, j'ai pris des trucs qui nourrissent bien, enfin j'ai pris ce qui restait… J'ai du riz !

**LOÏC**. Et ?

**MANU**. Et… quoi ?

**SARAH**. Avec le riz ? On mange quoi ?

**MANU**, *faisant semblant de ne pas comprendre*. Oh ben, on peut manger des tas de trucs avec le riz, moi j'aime beaucoup ça. *(Elle le fusille du regard.)* j'ai des oignons… le riz aux oignons c'est super-bon !

*Entrent Quentin, Julie et Iris.*

**IRIS.** Ah, enfin vous êtes là ! J'en ai deux qui n'en peuvent plus ! On dirait qu'ils n'ont pas mangé depuis trois semaines ! Je peux aider pour la cuisine ? Les provisions sont où ?

**QUENTIN,** *qui regarde le petit carton.* Tu les as laissées dehors ? Allez Julie, bouge-toi, plus vite on aura ramené les trucs, plus vite on mangera.

**JULIE.** Tu peux te débrouiller deux secondes sans moi ! Oublie-moi !

**QUENTIN.** Dis-lui qu'elle arrête de me parler sur ce ton ! Elle est chiante !

**JULIE.** Mais lâche-moi ! Tu passes ton temps à me donner des ordres ! C'est bon, t'es pas mon père !

**SARAH.** Hou là, va falloir vous calmer, les deux, là ! Je vais avoir beaucoup de mal à supporter deux ados en pleine crise.

**LOÏC.** Alors, fermez-la !

**IRIS.** Vous ne leur parlez pas sur ce ton ! Oui, ils sont pénibles… *(Tête de Julie et Quentin.)* Quoi ? Évidemment que vous êtes pénibles ! *(Énervée, à Loïc.)* Mais vous, vous ne leur parlez pas sur ce ton ! C'est clair ?

Loïc, *il jette un coup d'œil à Sarah qui lui fait signe de se taire.* Ouais, c'est clair ! Je vais me calmer ailleurs.

*Loïc sort.*

**SARAH.** Bon, on n'a pas besoin d'être cinquante pour faire chauffer de l'eau ! À tout à l'heure.

*Sarah sort. Quentin aussi.*

**IRIS.** Chauffer de l'eau ? On mange quoi ?

**MANU.** J'ai une excellente recette de riz aux oignons, c'est sain et nourrissant.

**JULIE.** Mouais, et avec ?

**MANU.** Trop manger n'est pas bon pour la santé… Et puis ça ne va pas durer, c'est juste pour un ou deux jours, pas de quoi s'affoler.

*Entre Madeleine et son panier.*

**MADELEINE.** Je ne voudrais pas être celle qui se plaint tout le temps, mais il est déjà 13 heures… À quelle heure on mange dans cette maison ? J'ai pour habitude de manger à 12 h 20, oui, 12 h 20 pas 15, pas 30. 12 h 20 parce que personne ne dit jamais « je mange à 12 h 20 » alors ça me plaît !

**MANU.** Au moins, vu votre â… vu votre… Enfin, vous ne devez pas manger beaucoup !

**MADELEINE.** Détrompez-vous, Emmanuel, mon pancréas, ma rate, et tout l'outillage interne fonctionnent à merveille, j'ai toujours avalé des quantités incroyables, jamais pris un gramme… Ah ça, j'en ai fait enrager plus d'une ! Bon, alors, quand est-ce qu'on mange ? J'ai faim !

*Manu s'assoit effondré.*
*Noir.*
*Quand la lumière revient, ils sont tous à table. Silence. On verra quand même Loïc tenter régulièrement des sourires charmeurs à deux balles à Anne-Sophie qui le regarde avec un mépris total, les autres peuvent s'en rendre compte.*

**MANU.** Je me suis régalé ! Ah, une bonne sieste pour digérer et ce sera parfait !
*Tous le fusillent du regard.*

**ANNE-SOPHIE.** Tout ceci est grotesque ! Marina, trouvez une solution, appelez les relations de mon père. Dans une heure, nous devons avoir quitté ce lieu sordide. J'ai énormément de choses à faire, des rendez-vous, je ne vais pas tout arrêter à cause d'un gaz !

**MARINA.** Mademoiselle, vous avez entendu Emmanuel comme moi, le réseau est provisoirement coupé. État d'urgence niveau six. On ne bouge pas, on ne communique pas. Il n'est pas nécessaire de me regarder méchamment, je ne suis pas responsable de cette situation.

**ANNE-SOPHIE.** Mais enfin, tout ce cirque est ridicule. Puisque personne ne veut rien faire, je vais me débrouiller, préparez ma valise, je m'en vais.

**VLAD.** Je ne pense pas que ce soit possible.

**ANNE-SOPHIE**. Oh, vous ne « pensez » pas ! Et vous comptez peut-être m'en empêcher ?

**VLAD**. Oh non, je vous dis simplement que vous perdez votre temps. Je suis sorti ce matin, toute la zone est contrôlée par l'armée, il y a des barrages un peu partout. Vous seriez la fille du président de la République que ça ne changerait rien. Mais si vous avez envie d'essayer, personne ne vous retient.

**LOÏC**. Merde alors !

**SARAH**. Quoi ?

**LOÏC**. Il est sorti… Moi, on me l'interdit ! Le rastaquouère, là, il est sorti !

**VLAD**. Le rastaquouère est un homme qui vient d'Amérique du Sud, ce n'est pas mon cas. Je vous autorise à m'appeler Vlad, c'est mon nom.

**LOÏC**. Oh l'autre… Il m'autorise ! Encore heureux que je t'appelle comme je veux !

**VLAD**. Je n'ai pas dit que vous pouviez me tutoyer. Je préfère tutoyer mes amis et vous n'êtes pas mon ami !

**MADELEINE**. Ah ! ben je suis bien d'accord ! Bon, le ton est un peu tendu, l'engueulade n'est pas bien loin, mais ce n'est pas pour me déplaire ! Je déteste l'intimité factice.

**IRIS**. Je sais que cette situation nous dépasse mais si tout le monde fait un effort, ça doit être possible de ne pas s'agresser.

**MADELEINE**. Oui, sûrement ! C'est raisonnable comme proposition… mais très ennuyeux ! *(Elle regarde son panier, inquiète.)* Vous êtes sérieux quand vous parlez de l'armée ?

**VLAD**. Oui, désolé, je ne veux affoler personne mais l'armée est partout.

*Un silence, réaction de malaise.*

**JULIE**, *panique*. On va tous mourir, on va tous mourir, je le savais ! Et personne n'ose le dire !

*Loïc se met à faire des pompes, tout le monde le regarde.*

**SARAH**. Mais qu'est-ce qui te prend ? Arrête de te donner en spectacle !

**Loïc.** On est jeudi, il est 14 h 30, le jeudi à 14 h 30 je suis au club de sport.

**Sarah.** Mais là tu n'es pas au club de sport !

**Loïc.** M'en fous ! Ça me stresse de changer mes habitudes, ça me stresse de pas savoir ce qui va nous arriver, ça me stresse que les gens stressent et la petite, là, elle stresse. Alors je fais du sport !

*Iris et les enfants rangent ce qui traîne sur la table et sortent. Sarah entraîne Loïc dehors, Anne-Sophie tente de téléphoner puis cherche du réseau ailleurs. Marina se rapproche de Vlad.*

# Scène six

**MARINA.** Vous êtes vraiment Roumain ?

**VLAD.** Pourquoi cette question ?

**MARINA.** Vous parlez vraiment bien notre langue, vous êtes très poli, enfin je veux dire… Ce n'est pas vraiment l'image que j'ai d'un Roumain !

**VLAD.** Un voleur de voitures, un cambrioleur de maisons, qui fait faire la manche à des enfants assommés par des somnifères… Oui, c'est vrai aussi. Mais c'est très, très réducteur. Comme de dire que tous les Français aiment la baguette, le vin et le fromage ! Vous connaissez Vladimir Cosma ? Ilie Nastase ? Eugène Ionesco ? Johnny Weissmuller ? Elvire Popesco ? Vous voyez, vous connaissez des Roumains que vous aimez bien et qui ne sont pas des voleurs.

**MARINA.** Ah, oui effectivement, je ne savais pas qu'ils étaient Roumains ! *(Après un temps de réflexion.)* C'est grand, la Roumanie ? Enfin, je veux dire, la population ?

**VLAD.** Environ 21 millions.

**MARINA.** Oui… ce n'est pas énorme… Mais enfin, quand même, cinq célébrités ce n'est pas beaucoup, et il y en a au moins trois de mortes !

**VLAD.** Vous avez raison, ce n'est pas beaucoup ! Mais je ne cite que ceux qui sont très connus ici, il y a aussi des physiciens, des mathématiciens, des médecins…

**MARINA.** Oh, ne vous inquiétez pas, ceux-là, dans tous les pays, on les connaît moins bien !

**VLAD.** J'oubliais Dracula… Vous êtes française ?

**MARINA.** Oui, bien sûr… Je suis née en France… mais ma mère était Espagnole. Mes grands-parents vivaient en Espagne. Mais elle ne voulait pas nous parler en espagnol, elle voulait qu'on s'intègre. Je lui en ai toujours voulu. Je ne pouvais pas discuter avec mes grands-parents, ils parlaient très mal français, ma mère devait traduire.

**VLAD**. Vous aimez l'Espagne ?
*Marina réfléchit.*

**MARINA**. Oui, mais je suis Française, l'Espagne ce n'est pas pareil.

**VLAD**. Ah, il faut choisir… Vous n'avez pas le droit d'aimer les deux ? C'est interdit ?

**MARINA**. Non, bien sûr, mais, je ne sais pas, je suis fière d'être née ici, j'aime ce pays.

**VLAD**. Vous avez des enfants ?

**MARINA**. Oui, trois, ils sont grands maintenant… Mais pourquoi…

**VLAD**. Vous n'aimez pas les trois ? Vous avez choisi lequel ?

**MARINA**. Oh, vous êtes bête, ce n'est pas pareil ! Je suis fière d'être Française, ce n'est peut-être pas facile à comprendre quand on a quitté son pays… Vous aimez la Roumanie ?

**VLAD**. Oui, mais c'est juste l'endroit où je suis né, je n'ai rien fait pour naître là-bas, je ne suis responsable de rien.

**MARINA**. Je ne comprends pas…

**VLAD**. Pour être fier de quelque chose, il me semble qu'il faut avoir une responsabilité, non ? Quelle responsabilité avons-nous dans le fait de naître quelque part ? C'est le hasard de la vie. On peut être heureux d'être né ici plutôt qu'ailleurs, ça oui, mais ça s'arrête là…

**MARINA**. Vous êtes étonnant, Vlad.

**VLAD**. Parce que je ne rentre pas dans votre cliché ?

**MARINA**. Oui, sans doute.

**VLAD**. Et vous aimez bien les clichés, ça vous rassure.

**MARINA**. Pourquoi vous dites ça ? Vous ne me connaissez pas.

**VLAD**. Pourquoi vous travaillez pour cette peste ? Elle représente à elle seule un bon paquet de clichés sur les gens riches. Elle n'a rien d'intéressant.

**MARINA**. C'est juste un travail, ce n'est pas Anne-Sophie que j'aime bien, mais ce que je fais chez elle. Elle me méprise sans doute, mais j'aime ce que je fais. J'organise sa vie, ses rendez-vous, ses dîners, j'aime ça.

**VLAD**. Vous auriez pu faire la même chose chez une personne agréable et qui vous respecte.

**MARINA**. Ça ne s'est pas trouvé…

**VLAD**. Vous avez cherché ailleurs ?

**MARINA**. Je… Oh, c'est trop tard.

**VLAD**. Vous êtes encore jeune, c'est dommage d'avoir peur de bouger, de changer.

**MARINA**. Vous ne savez rien de ma vie, c'est facile de juger !

**VLAD**. Oui, c'est facile, facile comme un cliché !

**MARINA**. À tout à l'heure Vlad.

*Elle sort un peu perturbée, Vlad sourit et quitte la pièce.*

# Scène sept

*Madeleine entre sur la pointe des pieds, toujours avec son panier. Elle regarde autour d'elle.*

**MADELEINE.** Je vais te trouver un peu de riz dans la poubelle. J'ai fait attention de ne pas tout manger, mon Titi. Mais il faut que tu arrêtes de bouger ! On aurait pu se faire prendre tout à l'heure. La prochaine fois, je te laisse dans la chambre !

*Julie est entrée pendant qu'elle parlait. Elle s'approche doucement.*

**JULIE.** Je peux le voir ?

**MADELEINE,** *elle sursaute*. Jeune fille ! Ça ne se fait pas de faire peur aux gens ! Encore moins à une vieille femme qui pourrait être cardiaque !

**JULIE.** Oh, je suis désolée ! Je ne voulais pas vous faire peur ! Vous êtes cardiaque ?

**MADELEINE.** J'ai dit, « pourrait être » ! Non, je ne suis pas cardiaque, je suis en pleine forme ! Est-ce qu'il va falloir que j'explique sans arrêt que l'on peut-être vieux et en forme !

**JULIE.** Ne vous fâchez pas ! C'est juste que c'est plus rare.

**MADELEINE.** Non, ce n'est pas si rare. Je ne suis pas une rareté simplement les « tamalou chroniques » sont beaucoup plus bruyants !

**JULIE.** Pourquoi vous êtes toujours en colère ?

**MADELEINE.** Je ne suis pas en colère, enfin, pas vraiment, je suis agacée, ça oui !

**JULIE.** Pourquoi ?

**MADELEINE.** Le monde est agaçant, alors je suis agacée. Voilà.

**JULIE.** Ah… ça doit être fatigant…

**MADELEINE.** Mais pas du tout ! Est-ce que j'ai l'air fatigué ?

**JULIE.** Heu, non. Je suis désolée.

**MADELEINE.** Hou, mais tu vas arrêter de t'excuser tout le temps et d'avoir peur de tout ?

**JULIE.** Je le fais pas exprès…

**MADELEINE.** Alors voilà bien une réponse bête, « je le fais pas exprès ».

**JULIE.** Vous me l'avez pas montré…

**MADELEINE.** De quoi tu parles ?

**JULIE.** De votre chat, c'est bien un chat que vous avez dans votre panier ?

**MADELEINE.** Mais pas du tout ! D'où tu sors ça ? Je parle à mon panier. C'est une lubie de vieille folle. Il y en a qui parlent à leurs défunts, d'autres se parlent à eux-mêmes, eh bien, moi, je parle à mon panier ! Et j'ai le droit, il n'y a pas de loi qui me l'interdise !

*Elle sort en parlant à son panier. Julie hausse les épaules et quitte la pièce.*

# Scène huit

*Leïla entre, inquiète, elle fait quelques pas dans la pièce, s'arrête, écoute, puis doucement sur la pointe des pieds, elle fouille la pièce, cherche quelque chose, puis entend du bruit et se cache. Anne-Sophie entre, avec sa valise.*

**ANNE-SOPHIE.** Marina ! MARINA ! MA-RI-NA !
*Iris entre.*

**IRIS.** Apparemment, elle ne vous entend pas…

**ANNE-SOPHIE.** Merci, je m'en suis aperçu !

**IRIS.** Vous partez ?

**ANNE-SOPHIE.** Non, je promène ma valise ! Évidemment, je pars ! J'ai une vie très remplie et vraiment pas le temps de faire cette pause ridicule. De toute façon, je dois prendre l'avion demain pour Pékin.

**IRIS.** Vous allez faire comment avec les barrages de l'armée ?

**ANNE-SOPHIE.** Je ne crois pas un mot de cet homme, et même s'il avait raison, tout ceci est une erreur. Je n'ai rien à faire avec vous, il suffira que je donne mon nom et tout rentrera dans l'ordre.

**IRIS.** Pourquoi vous pensez que c'est une erreur ?

**ANNE-SOPHIE.** Je doute que la ville ait tenté une réconciliation des classes sociales avec cette évacuation. Je ne crois pas un instant que mes parents soient logés dans une colonie de vacances et j'ai sans doute une place avec eux… Mais pas moyen de téléphoner.

**IRIS.** C'est si important que ça ? Nous sommes si répugnants ?

**ANNE-SOPHIE.** Je n'ai pas à me justifier de ce que je pense, ni des gens avec qui j'ai envie d'être et je n'ai pas envie d'être bloquée avec des gens comme vous.

**IRIS.** Comme nous ? C'est-à-dire ? Nous ne sommes pas suffisamment riches ?

**ANNE-SOPHIE.** Oh non, pitié ! Épargnez-moi le couplet de la jeune femme riche qui refuse de se mêler aux pauvres, c'est d'une bêtise ! Je me fiche de savoir combien vous gagnez, ça n'a strictement rien à voir !

**IRIS.** Alors je ne vois pas…

**ANNE-SOPHIE.** Quelle importance ! Ce n'est pas vous le problème. Le problème : c'est moi dans cet endroit ! *(Iris la regarde, visiblement perdue.)* Que les gens ordinaires soient mal logés, mal nourris, ce n'est au fond que le reflet de leur insignifiance dans la société… je n'ai rien à dire à ça. C'est même normal. Qu'une personne importante et influente soit traitée de la même façon, voilà qui est insupportable.

**IRIS.** C'est monstrueux ce que vous dites…

**ANNE-SOPHIE.** Bien sûr que non. C'est simplement vexant de faire partie des gens qui ne comptent pas et auxquels personne ne s'intéresse. Voilà tout. Vous l'aurez compris, ce n'est pas mon monde et je n'ai aucune envie d'en faire partie. C'est peut-être rude à entendre, mais j'ai au moins un point commun avec la vieille folle, je n'aime pas la langue de bois. Je suis une personne qui compte, pas vous. C'est comme ça. Et nous n'avons rien à faire ensemble !

*Leïla renverse quelque chose, Iris et Anne-Sophie sursautent.*

**ANNE-SOPHIE.** Qu'est-ce que c'était ? *(Elle s'approche de l'endroit du bruit, et découvre Leïla, elle pousse un cri.)* Qui est cette fille ?

**IRIS.** Mais je ne sais pas ! *(À Leïla.)* Qui es-tu ? Pourquoi est-ce que tu te cachais ? N'aie pas peur, on ne va rien te faire.

*La jeune fille a un faible sourire, elle regarde la porte.*

**ANNE-SOPHIE.** Non, tu ne t'en vas pas ! Qu'est-ce que tu faisais là ! Dépêche-toi de parler !

*Elle lui secoue le bras assez durement, Iris se précipite.*

**IRIS.** Mais, vous allez vous calmer, oui ? Ce n'est qu'une jeune fille ! Vous ne venez pas de découvrir un terroriste et vous n'êtes pas de la Gestapo ! Lâchez-la !

*Elles se défient toutes les deux du regard, l'échange est assez froid, pas de cris. Anne-Sophie tient toujours la jeune fille qui n'ose ni parler, ni bouger.*

**ANNE-SOPHIE.** Ne me parlez pas sur ce ton ! Ne me donnez pas d'ordre ! Vous avez bien compris ?

**IRIS.** Lâchez immédiatement cette jeune fille !

*Julie et Quentin entrent et crient.*

**QUENTIN.** Qu'est-ce qui se passe ? Mais qu'est-ce que vous faites ?

**JULIE.** Maman ! Qu'est-ce qui se passe ?

**IRIS.** Julie, tais-toi ! On se calme. Oh ! Tout va bien, on vient de découvrir une jeune fille cachée dans la cuisine ! C'est tout !

**JULIE.** Mais qu'est-ce qu'elle fait, cachée dans la cuisine ?

**IRIS.** Je ne sais pas ! Mais elle doit penser qu'elle est tombée chez des cinglés. *(À Leïla.)* Je suis vraiment désolée.

*Manu entre à moitié endormi.*

**MANU.** Pas facile de faire une sieste, pourquoi vous criez comme ça ? Oh ! Ben, c'est qui ça ?

**ANNE-SOPHIE.** Quelqu'un de très honnête qui au lieu de se présenter se cachait dans la cuisine ! Mais il ne faut surtout pas lui demander pourquoi si vous ne voulez pas vous faire traiter de nazi !

**MANU**, *il siffle, ou n'importe quel son avec la bouche.* J'ai dû rater quelque chose ! Quelqu'un peut m'expliquer ?

**IRIS**, *à la jeune fille.* Tu peux nous dire ce que tu fais là ? *(Leïla la regarde mais ne bronche pas, fermée.)* Arrête d'avoir peur, on ne va rien te faire.

**QUENTIN.** Elle comprend peut-être pas le français… *¿ Hablas español ? Do you speak english ? Parla italiano ? Sprechen Sie deutsch ?*

**JULIE.** Waouh ! Parce que toi, tu parles tout ça !

**QUENTIN.** Oui, enfin, non, pas vraiment mais j'essaye… On devrait demander à Vlad !

**ANNE-SOPHIE.** Tous les étrangers qu'on croise ne sont pas roumains ! Elle refuse simplement de parler ! Si j'avais eu le droit de la secouer un peu, on saurait !

**IRIS.** Vous avez raison, vous n'avez vraiment rien à faire avec nous. Bon, tu ne veux pas nous parler ? Tu as soif ? Tu as faim ?

**MANU**. On va peut-être éviter ce genre de question… parce que si elle nous dit oui… on est mal, on n'a rien !

**IRIS**. On ne va pas la laisser mourir de faim parce que vous n'avez pas été capable d'assurer, vous pouvez toujours lui donner votre part.

**MANU**. Je ne dis plus rien ! Je vais chercher les autres ? Peut-être que quelqu'un la connaît ?

*Un noir rapide, ils sont tous là. Leïla est très mal à l'aise, ils la regardent tous.*

## Scène neuf

**Manu.** Alors ? Quelqu'un la connaît ? On l'a trouvée, cachée dans la cuisine et elle ne parle pas.
*Tous font signe que non.*

**Madeleine.** Elle est muette ou elle est terrorisée ?

**Iris.** Tu ne veux toujours pas nous aider ?
*Madeleine s'approche gentiment de la gamine, puis, très rapidement, lui pince le bras.*

**Leïla.** Aïe !

**Madeleine.** Et ben voilà, c'était pas très compliqué, elle est terrorisée. Alors, ma petite, qu'est ce que tu fais là ?
*Leïla se bute et refuse de répondre.*

**Anne-Sophie.** C'est sûr que la pincer, c'est moins grave que de lui secouer un peu le bras ! Bon, tu vas parler oui ! Tu crois que nous avons que ça à faire ?

**Vlad.** Oh ! Mais expliquez-nous donc ce que vous avez de si important à faire, Mademoiselle ? *(À Leïla.)* je m'appelle Vlad et si tu as peur que nous te dénoncions, rassure-toi, personne ici ne fera une chose pareille.

**Loïc.** Faut voir, si y'a une rançon, moi je m'en fous de la dénoncer !

**Vlad.** Ne t'en fais pas, il est bête et sûrement capable d'être dangereux. Mais, ici, ce n'est pas lui qui décide

**Loïc.** Hé, oh ben si, c'est moi qui décide ! *(Il veut se diriger vers Vlad, Madeleine lui flanque un coup pour l'arrêter, Quentin vient protéger Leïla.)* Aïe ! Oh Mamie, ça va pas ?

**Sarah.** Ça va c'est bon, on se calme ! Qu'est-ce qu'on s'en fiche de cette gamine ! Tu crois quoi ? Que c'est la fille d'un nabab, et qu'on va devenir milliardaires ? Arrête tes âneries, tu vois bien que non.

**Leïla.** Je veux rester ici, je veux pas retourner là-bas, jamais j'y retournerai, vous pourrez pas m'obliger !

**Julie.** Y'a des morts ? Tu as vu des gens tués par le gaz c'est ça ? Oh, là, là je le savais, je le savais. C'est horrible, on va tous mourir !

**Leïla.** Heu, non, j'ai pas vu de morts… Je sais pas de quoi tu parles.

**Julie.** Je le savais ! Je le savais ! On va tous mourir dans d'atroces souffrances !

**Loïc.** Faites la taire ! Elle me stresse ! Faut que je fasse des pompes !

*Manu est sorti en courant et revient avec des combinaisons et des masques.*

**Manu.** Tenez, enfilez tous ça ! On va pas se laisser faire sans lutter ! Ils ne nous auront pas ! On va se battre !

*Vaguement ou carrément inquiets, certains prennent quand même la combinaison.*

**Vlad.** Stop ! Tout le monde se calme ! De quoi est-ce que tu parles exactement ? Qu'est-ce que tu as vu ?

**Leïla.** Mais rien, je crois qu'ils vont être déçus… je parlais du foyer… je vis dans un foyer et je ne veux pas y retourner. C'est tout ! Désolée…

*Tout le monde la regarde. Silence.*

**Madeleine.** Et ben ! Tout ce fouillis parce qu'elle vit à la S.P.A. des enfants errants.

**Iris.** C'est pas très gentil de lui dire ça !

**Madeleine.** Quoi ? Elle n'y est pour rien. Comment tu t'appelles ?

**Leïla.** Leïla.

**Madeleine.** Tiens, t'as pas une tête à t'appeler comme ça !

**Vlad.** Ah ? Et elle a une tête à s'appeler comment ? Bon, peu importe, donc si on résume, tout va bien.

**Manu.** Tout va bien, tout va bien… c'est un peu vite dit, alors, on fait quoi, on l'adopte ? C'est que, légalement, c'est très moyen et surtout trois ados… ça mange drôlement !

**Marina**. Mais le foyer doit te chercher partout, il faudrait les prévenir, enfin tu ne peux pas fuguer comme ça.

**Leïla**, *très vite, confuse*. Je veux pas y retourner ! Je supporte pas ces gens et, je suis pas certaine qu'ils s'en rendent compte, on a été divisé en trois groupes, dans trois lieux différents, je me suis débrouillée pour être inscrite dans aucun groupe, ils doivent tous penser que je suis dans un autre groupe.

**Loïc**. Hein ? Qu'est ce qu'elle a dit ?

**Marina**. Oui, bon, d'accord, mais enfin, c'est une énorme responsabilité.

**Quentin**. Je trouve que c'est courageux, on peut pas la renvoyer comme ça, et puis on sait pas où ils sont, ces groupes, t'as qu'à rien nous dire, comme ça personne ne peut te ramener là-bas !

**Loïc**. Je t'avais dit qu'il était malin ! Il a compris ! Il me plaît ce gamin !

**Iris**. Mais enfin, Quentin, c'est… Mais de quoi tu te mêles ! Je suis pas du tout d'accord qu'on se mette tous hors-la-loi ! D'abord, tu te sauves comme ça mais peut-être que tu n'as pas vraiment de raison, que tu n'es pas en danger, tu étais peut-être très bien là-bas !

**Madeleine**. Ah oui, comment vous le savez ? Vous y étiez ? Vous avez vécu ce qu'elle vit ?

**Anne-Sophie**. C'est bon, là, les foyers sont faits pour accueillir dans de bonnes conditions les enfants qui n'en ont pas, de foyer… Aucune raison de penser que ce n'est pas bien.

**Madeleine**. C'est vrai ça ! C'est un argument de poids ! Les politiques sont faits pour diriger le pays dans l'intérêt de tous et pas uniquement le leur, pourtant la plupart s'en foutent. Les curés sont là pour aider la communauté, pas pour l'éducation sexuelle des petits garçons et des petites filles, pourtant un bon nombre ne se gênent pas ! Les députés sont payés pour siéger à l'Assemblée pourtant c'est désertique. Vous voulez que je continue la liste ou je peux m'arrêter là ? Ce qui est censé être ne l'est pas toujours, loin de là !

**Julie**. Dans une communauté équilibrée et démocratique, on voterait pour savoir ce que chacun préfère, on devrait voter.

**Loïc**. Ah non ! Ça sert à rien de voter. Tout le monde s'en fout de ce qu'on veut dire. On s'en fout aussi puisqu'on laisse faire ! Elle peut rester, je m'en fous !

**Sarah**. C'est bien, tu connais bien ce verbe, mais tais-toi un peu !

**Manu**. Et au niveau de l'intendance, on fait comment ?

**Iris**. Démerdez-vous un peu ! Vous êtes là pour gérer l'intendance alors gérez-la et arrêtez de pleurnicher comme un gamin !

**Julie**. Maman, Qu'est-ce qui te prend ? Je t'ai jamais entendue parler comme ça !

**Iris**. Mais ça va bien cinq minutes, les petites angoisses existentielles de chacun, tout le monde s'occupe de sa petite personne, c'est insupportable à la fin. Non, mais c'est vrai regardez-nous, vous ne comprenez pas ce qui se passe ?

**Vlad**. Et qu'est-ce qui se passe ? Expliquez-nous ?

**Iris**. … j'en sais rien, je ne sais pas ce qui se passe ! Un foutu gaz nous menace et qu'est-ce qu'on fait ? On cherche tous à gagner du terrain, à imposer nos petites convictions personnelles, vous me fatiguez, voilà ce qui se passe !
*Elle sort.*

**Leïla**. Ça veut dire que je peux rester ?

**Anne-Sophie**. Oui, tu prendras ma part. Moi, je m'en vais ! Marina, qu'est-ce que vous faites ?

**Marina**. Je… Je vais rester, j'ai encore deux ou trois petites choses à apprendre, je vous rejoindrai.

**Loïc**. Et nous, qu'est-ce qu'on fait ?

**Sarah**. Mais qu'est-ce que tu veux qu'on fasse ? Elle va revenir ! On ne peut pas sortir d'ici.

**Loïc**. Mais, je voudrais comprendre. On cherche un plan ou on n'en cherche plus ? Ça vole un peu haut pour moi, là !

**Sarah**. On va chercher des infos…

**Loïc.** Ça va nous rapporter du fric ? Et où ça ? Tu veux dire qu'on sort nous aussi, finalement ?

**Sarah.** Ouais, j'en ai marre, là. On va voir ce qui se passe.

**Quentin.** Je vais avec vous ! Leïla, tu nous accompagnes ?

**Leïla.** OK, j'arrive !

**Manu.** Oh, non ! Mais c'est n'importe quoi… *(Il crie.)* personne n'a le droit de sortir… Bon… si vous trouvez un truc à manger, vous le ramenez !
   *Noir*

## Scène dix

*Dans la salle commune, Vlad fait une réussite, observé par Julie. Madeleine et Marina lisent, Iris tourne en rond, Manu passe le balai nerveusement. Ambiance un peu tendue.*

**IRIS.** Ils sont partis depuis combien de temps ?

**VLAD.** Trois ou quatre heures… à peu près.
*Nouveau silence.*

**MANU.** Je vais avoir des ennuis, je ne devais laisser sortir personne ! Je vais perdre mon boulot, moi, c'est la merde !
*Leïla et Quentin entrent les bras chargés de nourriture.*

**QUENTIN.** Et voilà le travail ! On en a une pleine brouette dehors !

**IRIS**, *elle se précipite sur son fils, soulagée.* Vous allez bien ? Vous n'avez pas eu de problèmes ?

**QUENTIN.** Non, t'inquiète, on a évité les barrages.

**MARINA.** D'où est-ce que ça sort, tout ça ?
*Quentin et Leïla se regardent.*

**LEÏLA.** Ça n'a pas vraiment d'importance, si ? Vous avez faim… voilà de la nourriture !

**JULIE.** Vous avez tout volé ?

**IRIS.** Quentin !

**QUENTIN.** Quoi ? Faut bien qu'on mange, non ?

**IRIS.** Mais… mais enfin…

**MADELEINE.** Mais quoi ? Il a raison, alors ne posez plus de questions, ça vous évitera de lui faire la morale pour rien.

**MANU.** Oui, mais quand même, c'est moi qui devais…

**MADELEINE.** C'est vous qui deviez et c'est vous qui ne l'avez pas fait ! Merci, les petits !

**LEÏLA.** Par contre, on a perdu les autres. Enfin, on leur a un peu faussé compagnie.

**VLAD.** Vous n'étiez pas responsables d'eux et puis… est-ce vraiment une grosse perte ? *(Anne-Sophie entre, visiblement hors d'elle.)* Ah, dommage !

**MARINA.** Ils ne vous ont pas laissés passer ?

**ANNE-SOPHIE.** Si ! Mais finalement vous me manquiez, je suis revenue ! Pourquoi est-ce que vous posez toujours des questions idiotes ?

**MANU.** Ils vous ont parlé de moi ?

**ANNE-SOPHIE.** Pardon ? Qui aurait dû me parler de vous ?

**MANU.** Dehors, les gens que vous avez vus, ils vous ont demandé d'où vous veniez, non ? Qui vous avait laissé sortir ? Vous avez donné mon nom ?

**ANNE-SOPHIE.** Je ne le connais pas votre nom !

**MANU.** Tant mieux !

**ANNE-SOPHIE.** J'ai croisé la femme de l'abruti, elle le cherche partout, il est revenu ?

**VLAD.** Avec un peu de chance, il se sera perdu !

**MADELEINE.** Hmm, à moitié chanceux, la voilà !
*Sarah rentre.*

**SARAH.** Est-ce que vous avez vu Loïc ? Je suis partie en courant quand une patrouille s'approchait de nous, j'ai cru qu'il me suivait, mais je ne l'ai pas revu.

**VLAD.** Oh, dommage, il s'est sûrement fait arrêter, vraiment je suis navré !

**SARAH.** Tiens, vous jouez les faux-culs, maintenant.

**JULIE.** On pourrait préparer à manger, ça nous occuperait… Et puis j'ai faim !
*Ébullition, mouvement un peu fouillis.*

*Noir.*

## Scène onze

*Le lendemain matin, très tôt.*
*Loïc entre, déterminé, sûr de lui, en tenue noire, brassard marqué ASA autour du bras, cheveux plaqués.*

**Loïc.** Rassemblement ! Rassemblement ! *(Il utilise un sifflet.)*
*Quentin, Julie, Iris et Leïla débarquent, ensommeillés.*

**Iris.** Qu'est-ce qui se passe ? Ah c'est vous ! Qu'est-ce qui vous est arrivé ?

**Loïc.** Pas de temps à perdre en explication ! Quentin, va chercher tout le monde, tout de suite !
*Surpris, Quentin regarde sa mère, dans le doute, elle approuve. Il sort.*

**Julie.** C'est quoi ce brassard ?

**Leïla.** C'est lui, l'abru... le mari de l'autre ? Je ne le reconnais pas.

**Loïc.** Silence !

**Iris.** Mais enfin, qu'est ce qui se passe, vous avez des informations ?
*Les autres entrent plus ou moins en tenue de nuit (robes de chambres, pyjama etc.).*

**Sarah.** Ah ! Tu n'as rien ! Où tu étais ? Je me suis inquiétée !

**Madeleine.** Qu'est-ce que c'est que cette tenue ?

**Loïc.** Tout le monde se tait ! C'est moi qui cause et on m'écoute ! Voilà, je suis le responsable sécurité de cette unité.

**Manu.** Hein ? Et moi, je deviens quoi ?

**Loïc.** J'ai dit silence, j'essplique, les questions ensuite ! Le pays est en état d'urgence permanent, niveau 15...

**Marina.** Je croyais que ça ne dépassait pas 10...

**Loïc.** Oh ça suffit, j'ai dit « silence », vous comprenez pas ce mot ? Quentin, essplique à ces ignares.

**Quentin.** Je pense qu'ils savent tous.

**Loïc,** *hurlant.* J'ai dit essplique !
*Mouvement d'inquiétude devant son attitude.*

**Quentin.** OK, OK, il vous demande de vous taire !

**Loïc**. Parfait ! Il est bien, ce petit. Tu seras mon aide de camp. À partir de maintenant, tu es à mon service. *(Iris veut parler mais son fils l'en empêche en mettant sa main sur son bras.)* Bon, alors, je reprends et là, personne me coupe, sinon je m'embrouille ! Donc, à partir de maintenant, à cette minute, à cette seconde-là, quoi ! Vous ne pouvez plus rien faire sans en férerer... sans en... sans le dire... à moi !

**Sarah**. Qu'est-ce qui te prend ? Tu vas pas bien ?

**Loïc**. Quentin, fais la taire !

*Il n'ose pas trop la regarder, elle l'impressionne encore un peu.*

**Quentin**. Taisez-vous s'il vous plaît... *(Sarah veut dire quelque chose.)* au moins le temps qu'il nous explique.

**Loïc**, *il récite comme une leçon apprise*. Dehors, c'est le chaos, *(Julie ouvre la bouche pour parler ou crier on ne sait pas, Leïla et son frère la font taire, chacun une main sur sa bouche.)* heu... l'état manque d'hommes pour faire respecter l'état d'urgence, vu qu'y faut arrêter, fouiller, traquer, rafler, préquisitionner partout, ils ont embauché, et voilà maintenant je suis A.S.A. ! Ça veut dire, *(Il sort un bout de papier)* j'ai noté : *(Très fier.)* Auxiliaire de Soutien des Adjoints ! Bon, alors, j'ai préparé mes consignes, elles sont simples. Primo, plus personne ne sort d'ici, sinon direct dans un camp de rebelles. Deuzio, vous devez immédiatement dénoncer les rebello-terroristes de votre entourage. Si vous les dénoncez pas, direct le camp. Troisièmo, vous devez obéir à tous les ASA, sinon... pareil. Quatrato, si vous vous conduisez bien, je peux vous donner des laissez-passer pour émigrer dans un département libre ou le pays de votre choix. Mais bon, j'en ai pas cinquante, alors va falloir sacrément les mériter. Des questions ?

**Madeleine**. Qu'est-ce que c'est que ces conneries ?

**Loïc**. Alors, Mamie, va falloir me causer meilleur, parce que j'ai pas un bon souvenir. Et c'est pas des conneries ! Ils manquaient de monde alors ils recrutaient n'importe qui...

**Vlad**. Ça, ça ne fait pas de doute !

**Loïc.** Le rastaquouère, faut me demander l'autorisation pour me parler ! Parce que moi, les étrangers, je suis pas raciste, mais je préfère pas les fréquenter.

**Marina.** Vous nous faites une blague, c'est ça ? *(Elle se force à rire.)* Vraiment, c'était très bien joué, vous devriez faire du théâtre !

**Loïc.** Oh ! ça va pas non ? Je suis pas un clown ou une gonzesse, le théâtre, c'est pas pour les hommes !

**Leïla.** Alors c'est sérieux là, tout ce que vous dites ? Les camps, ils existent vraiment ?

**Loïc.** Toi, c'est comme l'autre, là, j'ai pas trop envie de te parler. Enfin toi, je comprends pas, t'as pas une tête de… mais ce prénom, c'est n'importe quoi ! Oui, les camps existent. Pour l'instant, ils en ont créé que cinq mais vu qu'ils arrêtent pas d'arrêter à mon avis ça suffira pas !

**Manu.** Mais c'est quoi le problème avec moi ? Franchement, je pouvais sûrement être un… comment déjà ?

**Loïc.** A.S.A. Nan, ils cherchent des costauds, des qui obéissent et qui sont efficaces. Bon, je vais aller me faire une petite sieste. Alors, quand je reviens y'me faut le nom des rebello-terroristes. Le premier qui me donne un nom, je lui donne un laissez-passer. Ah, j'oubliais ! Voilà le mot qui dit que je suis bien un A.S.A. Ils m'ont dit de le montrer chaque fois qu'on me le demanderait… vous avez pas demandé mais je vous montre quand même. Quentin ! Viens me retirer mes bottes !

**Quentin.** Vous avez pas de bottes…

**Loïc.** Ah ouais, c'est con, ça fait sérieux, les bottes. Ils auraient dû m'en filer une paire. Dans les films, y'z'ont des bottes ! Bon, ben… apporte-moi, heu… un truc ! Si t'es mon aide, il faut que tu m'aides !

**Iris.** Mais enfin, j'interdis à Quentin de faire quoi que ce soit !

**Quentin,** *il prend vite sa mère à part.* Maman, t'inquiète pas, je vais m'occuper de lui, pendant ce temps, vérifiez si ce qu'il dit est vrai. T'en fais pas, je gère !

*Loïc et Quentin sortent.*

*Vlad prend le papier que Loïc a laissé sur la table, il le regarde et le tend à Manu.*

**VLAD.** Ça vous paraît officiel ?

**MANU.** Ben, difficile à dire… peut-être, mais le mieux c'est que j'aille me renseigner, non ?

**VLAD.** OK, on vous attend pour décider de ce qu'il faut faire. Allons déjà nous habiller.

*Ils sortent tous, sauf Anne-Sophie qui retient Marina.* **S**cène douze

**ANNE-SOPHIE.** Eh bien, c'est très simple, vous l'avez entendu : on dénonce quelqu'un et on part d'ici.

**MARINA.** Mais on dénonce qui ?

**ANNE-SOPHIE.** Peu importe, prenons quelqu'un que nous n'aimons pas, c'est plus simple.

**MARINA.** Vous n'êtes pas sérieuse ? On ne peut faire une chose pareille, c'est horrible !

**ANNE-SOPHIE.** Arrêtez d'être excessive… Mais non, ce n'est pas horrible, c'est chacun pour soi ! Vous n'allez pas me faire croire que vous êtes en train de découvrir cette notion. Nous sacrifions en permanence des tas de gens pour notre confort et notre bien-être. Vous vous croyez au-dessus des lois naturelles, Marina ? Cessez votre sensiblerie stupide. Ces gens se ressemblent tous, un de plus, un de moins, quelle importance ? Personne ne verra la différence.

**MARINA.** Oh, mon Dieu, c'est vrai, vous êtes un monstre !

**ANNE-SOPHIE.** Si vous voulez, ça ne me gêne pas.

**MARINA.** Mais, moi ça me gêne !

**ANNE-SOPHIE.** Quelle perte de temps ! Dans ce monde, une partie infinitésimale se partage le gâteau et le reste meurt en raclant les miettes. Tout le monde accepte cette règle du jeu, sinon, vous pensez bien qu'il y a belle lurette que les pauvres auraient pris le pouvoir, ils sont tellement plus nombreux… Le problème n'est pas là.

**MARINA.** Ah, bon, mais alors, où est le problème ?

**Anne-Sophie**. En réalité, il n'y en a pas. Tout va bien. Chaque chose est à sa place. Bon, alors, dénoncez quelqu'un et nous partons. Choisissez votre camp, une bonne fois pour toutes, les vainqueurs ou les vaincus. Je ne comprends pas votre hésitation.

**Marina**. Attendez… Vous voulez que ce soit moi qui dénonce quelqu'un ? *(Anne-Sophie approuve)* Mais… Pourquoi moi ? C'est votre idée, c'est à vous de le faire ! Si je prends la décision de vous suivre, ce que je n'ai encore pas fait, je ne veux pas en porter la responsabilité. Au pire, je me tairai et ce n'est pas très glorieux mais… je veux bien être lâche mais je ne veux pas être coupable.

**Anne-Sophie**. Mais enfin, c'est pitoyable comme position ! Vous serez coupable de toute façon ! Vous ferez comme tous ces gens qui tournent la tête quand une horreur se déroule sous leurs yeux, la multitude qui n'a pas vu, pas compris, pas entendu, qui ne savait pas ! C'est ridicule et ça ne rend personne innocent ! Je vous offre l'opportunité de faire partie de ceux qui décident et qui agissent.

**Marina**. Mais pourquoi vous ne le faites pas vous-même ?

**Anne-Sophie**. Mais comme vous pouvez être bécasse quand vous vous y mettez ! Moi, je donne des ordres, vous, vous exécutez. Chacun sa place, chacun sa fonction. J'aime l'ordre, vous le savez.

**Marina**. Et donc, vous pensez à qui ?

**Anne-Sophie**. Enfin une bonne question. Nous aurions pu sacrifier la vieille, mais bon, le temps s'en chargera. Je ne sais pas… la mère de famille, c'est un peu bête, ses enfants ont encore besoin d'elle. Choisissez entre l'inutile fonctionnaire ou le pique-assiette réfugié… Personnellement j'opterais pour le réfugié, c'est tellement facile de tout leur mettre sur le dos. Ce sont de merveilleux coupables, fragiles, déracinés… Bon, celui-là parle très bien notre langue, il pourrait se défendre… Bof, de toute façon on n'écoute jamais ces gens. Hum, C'est presque trop facile, mais il faut savoir se contenter de choses simples parfois.

**MARINA**. Je ne pensais pas que vous étiez comme ça !

**ANNE-SOPHIE**. Être réaliste n'est pas toujours facile, vous savez. Ma mère aussi me trouve très froide. En retour, je la trouve sensible et fragile, c'est touchant mais inutile. Mon père pense que je suis de la race des seigneurs. Ça me convient.

**MARINA**. Bien, je vais réfléchir et je vous dirai.

**ANNE-SOPHIE**. Parfait ! À tout à l'heure.

*Anne-Sophie sort, Marina pensive ne tarde pas à la suivre.*

## Scène treize

> *Leïla et Julie jouent aux cartes dans la pièce, Quentin entre précipitamment. Il prend un plateau qu'il charge de choses à manger.*

**LEÏLA.** Qu'est-ce que tu fais ?

**QUENTIN.** Je prépare un petit-déjeuner !

**LEÏLA**, *ton soupçonneux*. C'est pour ta mère ?

**JULIE.** Tu veux rire, il a jamais fait ça pour maman !

**LEÏLA.** Alors c'est pour qui ?

**QUENTIN.** Qu'est-ce que ça peut te faire ?

**LEÏLA.** Pourquoi tu ne veux pas le dire, t'as honte ? Remarque t'as raison, ça prouve que t'es encore conscient de ta connerie !

**QUENTIN.** Tu me parles pas comme ça ! Je fais ce que je veux, OK ? Et j'ai pas de compte à te rendre, surtout pas à toi !

**LEÏLA.** Surtout pas à moi ? Qu'est-ce que tu veux dire par là ? Qu'est-ce que j'ai, moi ?

**JULIE.** Tu t'appelles Leïla et tu sors d'un foyer !

**LEÏLA.** Quoi ?

**JULIE.** Je l'ai entendu en parler hier avec son nouveau meilleur ami…

**QUENTIN.** La ferme, Julie ! Tu sais pas de quoi tu parles…

**LEÏLA.** Pourquoi tu fais ça ?

**QUENTIN.** J'ai rien contre toi, Leïla, je te jure mais il faut qu'on s'en aille d'ici. Désolé.
> *Il sort.*

**LEÏLA.** Il ne faut pas le laisser faire ! Il n'a pas à s'humilier comme ça !

**JULIE.** Il pense qu'il nous sortira plus vite d'ici.

**LEÏLA.** Mais pourquoi ta mère ne dit rien ?

**JULIE.** Il ne lui dit pas tout.

**LEÏLA.** Mais elle le voit faire ! Il suit cet abruti partout, comme un petit chien.

JULIE. Qu'est-ce que ça peut te faire ? C'est pas ton frère et puis toi, personne ne t'attend dehors, nous, on veut retrouver notre père.

LEÏLA. Tant pis si ton frère devient stupide pourvu que vous sortiez, c'est ça ?

JULIE. C'est pas la peine de l'insulter ! C'est pas très grave, ce qu'il fait, il ne fait de mal à personne.

LEÏLA. Je le trouvais sympa et courageux ton frère, mais là, je ne comprends pas. Je ne comprends pas comment on peut accepter d'être aussi con pour obtenir quelque chose ?
*Vlad entre sur la dernière phrase.*

VLAD. Oh, mais tout le problème de l'humanité est là, jeune fille ! Excellent sujet de philosophie, non ? Qu'est-ce qui est bien ? Qu'est-ce qui est mal ? … fermer les yeux ou agir ?

IRIS. Viens par là, Leïla, il faut que nous parlions. Tu ne peux pas rester ici indéfiniment, tu en es bien consciente ?

LEÏLA. … je veux pas retourner au foyer… j'aime pas être là-bas. Y'sont pas méchants mais j'aime pas.

IRIS. Mais on ne peut pas te garder comme ça avec nous, c'est pas possible, on n'a pas le droit de faire ça.

LEÏLA. Je peux être très utile ! Je sais faire des tas de choses, et puis Quentin a besoin de quelqu'un pour le remettre d'aplomb.

IRIS. Mais enfin, tu n'es pas une domestique… De quoi tu parles pour Quentin ?

LEÏLA. Il est prêt à tout pour vous sortir de là, c'est bien, mais bon, on peut pas tout accepter pour s'en sortir et franchement, faut pas exagérer, vous êtes pas en danger de mort. S'il accepte de cirer les pompes de n'importe quel abruti pour obtenir un bout de papier pour sortir d'un gîte, ça craint un peu. Le jour où il voudra vraiment quelque chose d'important, il sera prêt à tuer ?

IRIS. Je… mais non, enfin… c'est juste pour nous faire sortir… *(Un temps.)* Tu as raison, il faut que je lui parle.

LEÏLA. Vous voyez, je peux être utile.

- 41 -

**IRIS.** Leïla, il y a des lois, tu es mineure, ce n'est pas simplement parce que tu en as envie… de toute façon tu nous connais à peine…

**LEÏLA.** Mes parents veulent pas de moi… enfin, c'est compliqué, ils sont pas très… adultes, vous voyez ? Ils ont du mal à s'occuper d'eux alors, moi… Le foyer veut me trouver une famille d'accueil, ça pourrait être vous… Dans certains villages en Afrique, les enfants font partie de la communauté et ils habitent là où ils se sentent bien, ça choque personne, c'est normal, c'est simple. Mais bon, on n'est pas en Afrique, malheureusement.

**IRIS.** C'est pas souvent qu'on entend ça ! Mais tu as raison, c'est bien, c'est pas compliqué. Mais on ne vit pas dans un village africain !

**LEÏLA.** On pourrait ! Suffit de décider d'y aller !

**IRIS.** Je ne suis pas certaine que nous soyons prêts avec mon mari !

**LEÏLA.** Pourquoi il est pas là ?

**IRIS.** Il travaille à l'étranger la plupart du temps.

**LEÏLA.** Ah vous voyez… l'Afrique c'est à l'étranger vous savez ! Ça vous gêne pas qu'il soit jamais là ?

**IRIS.** Il n'est pas « jamais là », il est souvent absent, c'est pas pareil ! Quand il rentre, il est très présent, cette vie nous convient. Quel âge tu as, Leïla ?

**LEÏLA.** Treize ans… Il m'en faut trois de plus pour être tranquille ! Je me suis renseignée : à seize ans je demande une émancipation et je me débrouille !

**IRIS.** Oh, c'est aussi simple que ça ?

**LEÏLA.** Je crois pas ! Mais faut bien s'accrocher à un truc ! Alors, vous allez me renvoyer ?

**IRIS.** Pas tout de suite… Quentin a besoin de toi, non ? Tu as compris pas mal de choses, on dirait, ça ne lui fera pas de mal de discuter avec toi ! Mais si tu peux éviter de lui apprendre à voler, c'est pas plus mal.

**LEÏLA.** Les parents sont très naïfs : c'est moi qui l'ai suivi ! Merci.

**IRIS**. Merci à toi.

*Loïc entre.*

**LOÏC**. Allez bande de mollusques, c'est l'heure du sport ! Hop, hop, on se bouge ! Faut des gens en forme, c'est important ! « mince, saines incorporées sans os » … J'ai jamais compris pourquoi on disait ça d'ailleurs. Tu sais, toi ?

**QUENTIN**. Là, j'avoue que je sèche un peu… je ne connais pas.

**VLAD**. Peut-être « *mens sana in corpore sano* » ce qui veut dire un esprit sain dans un corps sain…

**LOÏC**. Non, c'est pas la même ! Quentin, va chercher les autres ! Nous, on commence.

**VLAD**. Qu'est ce que nous commençons ? À avoir un esprit sain ? Ça me semble une bonne idée !

**LOÏC**. Toi, cherche pas les embrouilles, tu es déjà en haut de la liste !

**JULIE**. Quelle liste ?

**LOÏC**. Ma liste noire de Schindler ! *(Il prononce Schindlé et il rit !)*

**VLAD**. Oh, tant mieux ! Vous savez que cette liste n'était pas noire du tout et qu'il a sauvé plus d'un millier de juifs ?

Loïc. Ah, ben… là, c'est une autre liste, alors !

*Les autres entrent.*

**SARAH**. On est là. Qu'est-ce que tu veux ?

**LOÏC**. Qu'est-ce que tu veux, mon lion !

**SARAH**. Quoi ?

**LOÏC**. Je t'ai déjà dit, je veux que tu m'appelles « mon lion » !

**SARAH**. Devant tout le monde ?

**LOÏC**. Ben évidemment ! Tout le temps !

**SARAH**. Je pourrais peut-être t'appeler chouchou…

**LOÏC**. Ah non ! C'est ridicule !

**SARAH**. OK et donc, tu veux quoi… *(Il va parler.)* mon lion ?

**LOÏC**. Ben, je me disais que ce serait bien que tout le monde fasse un peu de sport, non ?

**ANNE-SOPHIE**. C'est une excellente idée ! Vous êtes un vrai chef !

**LOÏC**. Ah, ouais, vous trouvez ? Ah, ben je suis bien content ! C'est que c'est important comme rôle, faut être à la hauteur !

**ANNE-SOPHIE**. Ah, mais ne vous inquiétez pas, vous vous en sortez à merveille… Mais il me semble que vous vous feriez bien voir de votre hiérarchie *(Loïc ne comprend pas le mot.)* de vos supérieurs, vos chefs… si vous rameniez deux ou trois rebelles terroristes non ?

**MARINA**. Mademoiselle ! Je vous en prie, ne faites pas ça ! Il ne faut pas, c'est pas possible.

**LOÏC**. Heu, ben… *(Il regarde Sarah cherchant la bonne réponse, elle ne l'aide pas.)* C'est que… je pensais pas vraiment qu'il y en avait ici… Quoique, le rastaquouère… *(Il s'approche de lui, prenant un air vicieux.)* Ouais ! C'en est sûrement un…
*Vlad se lève. C'est très tendu.*

**MANU**, *pour détourner la conversation, cherchant à aider Vlad*. Dites, je me demandais… ils chercheraient pas à recruter des A.S.A.S.A., des fois ?

**IRIS**. Et c'est quoi, ça ?

**MANU**. Des Aides Spécialisés des Auxiliaires de Soutien des Adjoints.

**MADELEINE**. Oh, mon Dieu, mais quelle bande d'abrutis !

**IRIS**, *qui a compris ce que Manu cherche à faire*. Mais c'est une excellente idée ça ! Oui, vous seriez bien plus efficace avec un A.S.A.S.A. Et puis, un vrai chef a besoin de bras droit !

**MADELEINE**. Dans ce cas précis vaudrait mieux un cerveau droit, non ?

**IRIS**, *discrètement*. Madeleine, aidez-nous bon sang !

**MADELEINE**, *perdue, elle n'a pas vraiment compris*. Oui… oui… d'accord…

**LEÏLA**. Mais oui, c'est exactement ce qu'il faut faire ! Constituer une équipe de choc, on pourrait tous devenir des A.S.A.S.A. et traquer les rebelles ensemble !

**Loïc**, *est complètement perdu.* Ça fait peut-être beaucoup, non ? … Je sais pas… et pis, la vieille, à quoi elle va servir ?
*Madeleine est prête à l'envoyer promener, Iris l'arrête.*

**Anne-Sophie**. Mon cher Loïc, vous ne voyez pas qu'ils cherchent seulement à vous détourner de votre mission ? Ces gens ont peur de vous. Ils puent la peur.

**Marina**. Mademoiselle, avec tout le respect que je vous dois, taisez-vous !

**Anne-Sophie**. Oh ! Vous en pincez pour le bel étranger finalement, décidément vous n'avez rien compris, vous êtes très décevante !

**Sarah**. Écoute, mon lion, si on laissait tous ces gens se débrouiller, et si on utilisait tes laissez-passer pour nous ? On partirait tous les deux. Qu'est-ce que tu en penses ?

**Loïc**. Ah ben, non ! Pour une fois que j'ai un peu d'importance, je vais pas lâcher ça ! Mais vous m'embrouillez, là… Pourquoi elle dit qu'ils veulent me détourner de ma mission ? Et pis ça pue pas ! Si ? Quentin ?
*Quentin regarde sa mère, il ne sait pas quoi faire.*

**Quentin**. Heu, non, ça pue pas. Je sais pas pourquoi elle dit ça. C'est peut-être pas important de trouver des rebelles… c'est pas forcément ça, ta mission… faut juste que tu donnes des laissez-passer aux gens que tu aimes bien… et tu aimes bien qui ici ?

**Loïc**. Là, tu vois, tu me déçois un peu ! Bien sûr que c'est important ! État d'urgence maxi ! C'est justement pour trouver tous ceux qui nous veulent du mal, c'est pour nous protéger. Même moi, j'ai compris ça ! C'est grave, on est en danger. Rentre-toi ça dans ton crâne ! Et pis, les laissez-passer, c'est pas important parce que ceux que j'aime bien, je préfère qu'ils restent avec moi !
Bon, je sais ce qu'y faut faire, j'ai vu dans un film, le chef sort pour que les autres puissent discuter et décider qui ils allaient donner, alors, je sors et quand je reviens, vous me livrez un rebello-terroriste.

**JULIE**. Oui, mais peut-être qu'il n'y en a pas ? On peut pas donner quelqu'un au hasard. Dans le film il y avait peut-être vraiment un coupable, dans la vraie vie, c'est pas pareil…

**LOÏC**. C'est mieux d'en trouver… faut que je me fasse bien voir de mes chefs de la hiérarchie… « faut être performant », ils ont dit, « on a besoin de vous », alors heu… voilà. Je vous laisse un moment et sinon, ben, je choisirai moi-même.

**SARAH**. Tu veux que je vienne avec toi… mon lion ?

**LOÏC**. Non ! Ils voudront peut-être te choisir, faut pas faire du favoritisme, c'est pas bien.

**SARAH**. Mais si jamais ils me désignent, tu vas quand même pas me livrer ? Pas moi ?

**LOÏC**. Ben, heu, si c'est toi la rebello-terroriste, c'est dangereux, je vais bien être obligé… si tu crois que ça m'amuse, mais tu vois, maintenant, j'ai des responsabilités… j'ai pas le choix. Courage, Pupuce !

## Scène quatorze

**SARAH.** Mais comment ils ont pu prendre un imbécile pareil !

**LEÏLA.** Mais je croyais que c'était votre mari ?

**SARAH.** Et alors ? Les sentiments n'empêchent pas d'être réaliste ! Je vous assure, on est très mal, il est du genre à appliquer totalement bêtement ce qu'il croit devoir faire. Il livrera quelqu'un, c'est sûr.

**ANNE-SOPHIE.** Bon, ce n'est pas bien grave, il suffit de choisir l'un d'entre vous.

**VLAD.** Oh, et pourquoi pas vous ?

**ANNE-SOPHIE.** Ne soyez pas grotesque, vous n'allez pas livrer une femme, encore moins un enfant, donc il me semble que le choix n'est pas vraiment sorcier.

**MANU.** Dites… c'est plus vraiment un enfant, Quentin, on est d'accord ?

**ANNE-SOPHIE.** Accordé. Donc, vous êtes trois. Tirage au sort ? Désignation par le groupe ? Qu'est-ce que vous préférez ?

**IRIS.** Attendez… là, je ne suis absolument pas d'accord ! À quoi vous jouez ? On ne va livrer personne ! Il n'y a pas de coupable ici !

**SARAH.** Je crois que vous n'avez pas bien compris. Tout le monde s'en fout de savoir la vérité. Pour rassurer et montrer sa soi-disant efficacité, l'état a besoin d'arrêter un maximum de monde.

**MADELEINE.** Et ben, je ne pensais pas voir un truc pareil ici… Alors, on va se mettre à dénoncer n'importe qui, n'importe quand ? Pfff… ça ressemble drôlement à une dictature ça, non ? Je suis la plus âgée, dénoncez-moi !

**JULIE.** Mais on ne peut pas faire ça…

**QUENTIN.** En même temps, si vous êtes d'accord, c'est pas une mauvaise solution, vous serez une héroïne !

**LEÏLA.** Tu es devenu vraiment très con, toi ! C'est minable ce que tu fais depuis plusieurs jours, lécher les bottes de l'autre, là !

**Quentin.** Il n'a pas de bottes ! Et je me fous royalement de ta leçon de courage. Je veux sortir d'ici, je veux me barrer de cet endroit dangereux et c'est pas en étant courageux qu'on s'en sortira. Personne n'en à rien à foutre du courage. C'est bon pour les bouquins et les films, le courage ! Dans la vie, ce qu'on nous propose, c'est de marcher sur la gueule des autres pour s'en sortir, pas d'être courageux !

**Leïla.** Mais tu disais pas ça quand j'ai fugué, je comprends pas ? Et puis, on n'est pas obligé d'accepter ! Il n'y a pas qu'une seule règle du jeu ! Si celle qu'on nous donne ne nous plaît pas, on peut en proposer une autre, non ? C'est facile de tout subir en chialant !

**Quentin.** Je chiale pas ! Je fais ce que je peux pour nous sortir de là ! Pour l'instant toi, tu ne fais rien !

**Julie.** OK, mais enfin, t'es d'accord, on ne peut pas livrer Madeleine ! On ne va quand même pas se laisser faire par un imbécile !

**Vlad.** Tu vas vite comprendre qu'on se laisse souvent faire par des imbéciles lorsqu'ils ont le pouvoir !

**Marina.** Et bien voilà… nous allons créer un mouvement de résistance ! Ça suffit ! Y'en a marre de se laisser faire.

**Anne-Sophie.** Marina, taisez-vous ! À quoi vous jouez, là ? Vous êtes ridicule !

**Vlad.** Ah, non, vous allez arrêter immédiatement de lui parler sur ce ton condescendant et méprisant, vous êtes stupide et insupportable. Alors, fermez-la…

**Anne-Sophie.** Sinon ?

**Vlad.** Sinon je serais dans l'obligation de vous coller une gifle et franchement… ça me fera plaisir.
*Julie, Madeleine, Leïla, Iris applaudissent, ce qui a pour effet de créer deux clans.*

**Manu.** Alors, qu'est ce qu'on fait ? On dénonce, on résiste ? On en est où, là ?

**Julie et Leïla.** On résiste !

**Sarah et Anne-Sophie.** On dénonce !

**VLAD.** Votons : résistance *(tous, sauf Manu, Quentin, qui hésitent, Sarah, Anne-Sophie)* dénonciation : *Sarah et Anne-Sophie (Manu et Quentin n'osent pas lever la main)* Bien, vous êtes la minorité. Alors, organisons cette résistance. Si nous refusons de dénoncer qui que ce soit, qu'est-ce que vous pensez qu'il va faire ?

**SARAH.** À mon avis, il va s'énerver et prendre quelqu'un au hasard.

**MARINA.** On ne le laissera pas faire et puis c'est tout, *(Un peu euphorique.)* finalement, c'est pas très compliqué la résistance ! Je ne comprends pas pourquoi il y a eu autant de collabos !

**MADELEINE.** C'est facile quand l'ennemi n'est pas là !

**VLAD.** Bon, on improvise, Quentin, dis-lui de venir.
 *Loïc entre, les mains au ceinturon, on voit qu'il a une arme, passée dans la ceinture. Démarche lente.*

**LOÏC.** Alors, c'est qui les rebello-terroristes ?

**VLAD.** Nous sommes vraiment ennuyés, mais personne n'est concerné. Désolé.

**LOÏC.** Faut pas jouer à ça, mec, il me faut quelqu'un !

**VLAD.** Allez-y, choisissez.

**LOÏC.** Pas bien courageux, le réfugié ! Ça m'étonne pas ! *(À Anne-Sophie.)* Et vous ?

**ANNE-SOPHIE.** Tout ce que je veux c'est sortir d'ici. On peut sûrement trouver un terrain d'entente, vous et moi.

**LOÏC.** Quel genre de terrain ?

**ANNE-SOPHIE.** Vous êtes un homme fort et viril, je suis une femme séduisante, est-ce vraiment nécessaire de vous faire un dessin ?

**SARAH.** Ah, ben, vous gênez pas ! Vous voulez que je sorte ?

**LOÏC.** Pupuce ! Sois raisonnable, je suis en pleine négociation, c'est pour le travail ! Vous me proposez ce à quoi je pense ?

**ANNE-SOPHIE.** Pourquoi pas…

**LOÏC.** Ah ben, c'est que l'homme fort et viril… OK, on parle de moi, mais la femme séduisante… pff…

**ANNE-SOPHIE**, *elle le gifle.* Espèce de mufle ! (*À Vlad.*) Faites comme vous voulez !

**VLAD.** C'est très simple, prenez vos responsabilités… (*Il montre le groupe.*) Vous n'y arrivez pas ? Alors, arrêtons ce jeu stupide et attendons que tout ça se calme.

**MANU.** Oui, c'est bien, ça ! On s'excite, on s'excite, mais maintenant qu'on a des provisions, on n'a qu'à attendre tranquillou… Vous inquiétez pas, c'est toujours comme ça dans les conflits. La majorité se planque et après, elle dit qu'elle a résisté… mais si, je vous assure !

**MADELEINE.** Oui, enfin, ils ne se contentaient pas toujours d'attendre tranquillou, comme vous dites. Des dénonciations, y'en a eu un paquet !

**LOÏC.** Ah, ben, vous voyez ! Même la vieille le dit ! Allez, dépêchez-vous !

**IRIS.** Ah, bravo Madeleine ! Il s'était calmé !

**MADELEINE.** Oups, vraiment désolée !

**MARINA.** Vous ne nous aidez pas beaucoup !

**LOÏC.** Bon, vous vous magnez ? (*Il sort son arme.*)

**VLAD.** C'est bon, Loïc, vous n'êtes pas un méchant au fond, vous êtes un brave type, alors calmez-vous, vous risquez de blesser quelqu'un, là.

**LOÏC**, *il a peur et il est dangereux.* Rien à foutre ! Je veux que vous arrêtiez de me prendre pour un con ! Je m'en fous de dénoncer quelqu'un, moi. Dehors, ils font n'importe quoi et je veux ma part. J'en ai ras le bol des plans minables. Non, je suis pas un brave type ! Je veux devenir quelqu'un d'important comme la connasse, là ! Allez, toi, tu me suis et tu fais pas de conneries, sinon je tire ! Rien à foutre que tu crèves !

*Au même moment Leila et Quentin se jettent sur lui, un coup de feu part. Un cri, panique.*

Oh putain, ça fait mal ! Merde, merde, je vais mourir ! Je me vide !

**VLAD.** Laissez-moi regarder. Calmez-vous. Quentin… *(Il lui fait signe de récupérer l'arme qui est par terre.)*

**LOÏC.** Me touche pas ! Pupuce… je vais mourir, je veux que tu saches, je t'aurais pas dénoncée, c'était juste pour te faire râler. Ah… j'ai mal…

**VLAD.** On ne meurt pas d'une balle dans le pied… laissez-moi regarder.

**SARAH.** Qu'est-ce que vous en savez ? Vous êtes médecin peut-être ?

**VLAD.** Oui, je suis médecin ! Laissez-moi voir.

**MARINA.** Non, vous êtes sérieux ? Vous êtes vraiment médecin ?

**VLAD.** Oui, on peut-être Roumain et médecin, c'est compatible, je vous assure. Leïla et Julie, essayez de trouver de quoi faire un pansement, un bout de drap, n'importe ! Manu, Quentin, aidez-moi à le mettre sur la table. Iris, est-ce que vous voulez bien aller me chercher mon sac dans la chambre ? Le sac noir.

**LOÏC**, *à Sarah*. Pupuce, reste avec moi, hein ?

**SARAH.** Alors, arrête tout de suite de m'appeler comme ça !

**LOÏC.** D'accord, mais tu continueras à m'appeler mon lion ? Je veux pas mourir… j'ai peur.

**SARAH.** Tais-toi !

*Noir.*

## Scène quinze

*Pénombre, Loïc est toujours sur la table, couvert, il dort. Vlad est à côté de lui, c'est lui qui à l'arme. Marina entre.*

**MARINA.** Je peux rester près de vous ?

**VLAD.** Bien sûr.

**MARINA.** Comment va-t-il ?

**VLAD.** Ça va aller. Il est simplement en état de choc.

**MARINA.** Alors, vous êtes vraiment médecin ?

**VLAD.** Ça vous étonne tant que ça ?

**MARINA.** C'est que… Vous vous laissez maltraiter sans rien dire. Enfin, vous ne vous laissez pas faire, mais… vous auriez dit à tout le monde que vous étiez médecin… On vous aurait laissé tranquille.

**VLAD.** Peut-être, mais vous trouvez ça normal, qu'on respecte un homme à cause de ses diplômes ?

**MARINA.** C'est dans l'ordre des choses, ce n'est pas vraiment choquant. Vous voulez changer le monde, c'est ça. Vous êtes un… idéaliste ?

**VLAD.** Non, je fais ce que je peux avec ce que je crois.

**MARINA.** Je vous aime bien, Vlad.

**VLAD.** Oh, c'est… très gentil…

**MARINA.** Mais…

**VLAD.** Non, je… Il n'y a pas de mais.

**MARINA.** Si, il y en avait un. Vous en faites pas, je sais bien que vous êtes bien plus jeune que moi, et puis je ne vous drague pas, disons que je suis sous le charme…

**VLAD.** Vous avez un problème avec votre âge, hein ? Je ne vous trouve pas trop vieille, c'est simplement que…

**MARINA.** … oui ?

**VLAD.** … je n'ai jamais eu de maîtresse…

**MARINA.** Non ! ? Vous n'avez jamais… Vous êtes… vierge ?

**Vlad,** *il rit franchement.* Non, j'ai eu… des amants.

**Marina.** Oh…
> *Un silence.*

**Vlad.** Ça vous embête ?

**Marina.** Je suis un peu déçue, c'est vrai… Je fantasmais peut-être plus que je ne le dis… ça m'apprendra à craquer sur des petits jeunes ! Mais ne vous en faites pas, je n'étais pas amoureuse, c'est simplement qu'il y a bien longtemps que je n'avais pas rencontré quelqu'un qui…

**Vlad.** Les amis de la pimbêche ne vous font pas d'effet ?

**Marina.** Oh non, pas du tout mon style ! Et puis je suis transparente pour eux, de toute façon… Vous cachez bien votre jeu…

**Vlad,** *il sourit.* Je ne joue pas et je ne cache rien ! Vous ne vous êtes pas présentée en me disant « Marina hétérosexuelle », pourquoi aurais-je dit « Vlad Homosexuel » ?

**Marina,** *elle rit.* Vous avez raison, c'est ridicule ce que je viens de dire. Vous devez me trouver bien… bête.

**Vlad.** Non… Je vous trouve simplement… pas au bon endroit.

**Marina,** *soupire.* Vous avez sans doute raison, mais…

**Vlad.** Mais ?

**Marina.** Il me manquait l'énergie, le courage, l'envie pour changer de vie…

**Vlad.** Manquait ?

**Marina.** Il ne me manque plus que le courage !

**Vlad.** Alors ça va, vous allez trouver…
> *Loïc marmonne dans son sommeil.*

**Marina.** Ça vous fait peur ce qui se passe dehors ?

**Vlad.** Bien sûr, si on se met à recruter des « Loïc » pour maintenir l'ordre, c'est quand même que ça va très mal, non ?

**Marina.** Oui, sans doute.
> *Noir.*

## Scène seize

*La scène est dans la pénombre, Vlad s'est endormi, Loïc est toujours sur la table, les trois jeunes entrent, Quentin devant.*

**JULIE.** Alors ?

**QUENTIN.** Ils ont l'air de dormir, faites pas de bruit.

**LEÏLA.** Il a touché plusieurs fois sa poche de poitrine, c'est là qu'il faut chercher… Aïe !

**QUENTIN.** Mais crie pas !

**LEÏLA.** Julie m'a écrasé le pied !

**JULIE.** Oups, désolée… j'ai la trouille !

**QUENTIN.** Tu as toujours la trouille ! Ça ne change pas beaucoup !

**LEÏLA.** Respire…

**QUENTIN.** Waouh ! Ça, c'est du conseil ! Tu crois quoi ? Qu'elle est en apnée la plupart du temps ! Y'a toujours un con pour te dire de respirer !

**LEÏLA.** Ça va, on se calme ! Eh ben, ça prouve qu'on ne sait pas respirer…

**QUENTIN.** D'acc… Je vais essayer avec les orteils !

**JULIE.** Mais arrêtez de parler, on va se faire choper ! Alors ?

**QUENTIN.** Y'a rien ! Il a dû les planquer ailleurs, faudrait fouiller sa chambre.

**LEÏLA.** Y'a sa femme dans sa chambre… Merde, du bruit dans le couloir, planquez-vous… sous la table… Moins de bruit !
*Entre Madeleine, elle s'approche doucement et fouille la même poche que les jeunes.*

**MADELEINE.** Merde, merde, merde, c'est pas bon, ça, il ne les a pas sur lui ! Bon, les gamins, c'est vous qui les avez ? Oh, vous pourriez répondre, quand même !

**LEÏLA.** Heu… Comment vous savez qu'on est là ?

**VLAD,** *réveillé depuis un moment.* Avec le boucan que vous faites ! Il n'a pas les laissez-passer.
*Les jeunes sortent de sous la table. Vlad allume.*

**JULIE**. Pourquoi vous n'avez rien dit ?

**VLAD**. Pourquoi est-ce que j'aurais dit quelque chose ? Vous êtes libres de chercher les laissez-passer, je les ai cherchés aussi !

**MADELEINE**. Bon, alors qu'est-ce qu'on fait ?

**VLAD**. Se coucher me semble raisonnable, on ne peut rien lui demander maintenant, je lui ai donné un somnifère.

**MADELEINE**. Ah ben c'est malin !

**VLAD**. Vous auriez préféré l'entendre râler toute la nuit ? C'est un douillet !

**LEÏLA**. C'est un fou, vous croyez ? Il a tout inventé pour dehors ?

**VLAD**. Malheureusement, je ne crois pas. Je ne suis pas certain qu'on lui ait donné autant de pouvoir qu'il dit, mais je suis sorti plusieurs fois et dehors, c'est effectivement le chaos.

**JULIE**. Alors, le gaz, vous pensez que c'est vrai ? Parce qu'il faisait chaud aujourd'hui, non ? Ils ont dit que le gaz serait actif au-dessus de 24 degrés…

**VLAD**. Ça, je pense que c'est seulement pour affoler tout le monde, mais qu'importe, ça marche très bien. La peur fait perdre la raison. C'est ce qu'ils cherchent.

**QUENTIN**. Qu'est ce qu'on doit faire ?

**VLAD**. Se calmer et attendre. Allez vous coucher, les jeunes. Vous aussi Madeleine, ça ne sert à rien de rester là. Je vais y aller aussi, il ne pourra pas aller bien loin, entre son pied et le somnifère, nous sommes tranquilles.

*Ils se souhaitent bonne nuit.*

## Scène dix-sept

*Loïc est attaché sur une chaise, Manu s'excite autour et le menace avec l'arme.*

**MANU.** Mais bon Dieu, c'est pas compliqué de répondre, merde, fais un effort ! Sinon, je vais être obligé de m'énerver ! Tu veux que je t'éclate l'autre pied ? Alors ? *(Loïc fait non de la tête. Manu ne sait pas quoi faire.)* allez, quoi, dis-moi ! Je vais tirer, je te jure, je vais tirer !

*Entre Marina.*

**MARINA.** Manu ! Mais qu'est-ce que vous faites ? Lâchez cette arme, vous allez blesser quelqu'un !

**MANU.** Vous mêlez pas de ça ! Je veux juste le faire parler !

**MARINA.** Mais enfin soyez raisonnable ! Il ne les a pas !

**MANU.** De quoi vous parlez ?

**MARINA.** Il n'a pas les laissez-passer ! Posez cette arme !

**MANU.** Mais je m'en fiche des laissez-passer ! Qu'est-ce que vous voulez que j'en fasse ?

**MARINA.** Alors, qu'est-ce que vous voulez ?

**MANU.** Je veux qu'il me dise comment il a fait pour devenir ASA. Moi, on ne m'a rien proposé, c'est dégueulasse, j'ai fait tout ce qu'on me demandait, j'ai dit oui à tout, et ils mettent un imbécile dangereux à ma place ! Vous trouvez ça juste, vous ?

**MARINA.** Je ne sais pas… non… Mais ça ne sert à rien de s'en prendre à lui ! Vous allez faire une connerie, arrêtez de le viser comme ça ! Calmez-vous Manu, s'il vous plaît. *(Vlad entre avec le gilet et la casquette de Loïc.)* Oh, non ! Pas vous !

**VLAD,** *il enlève les affaires, souriant.* Ne vous en faites pas ! Je suis simplement allé voir ce qui se passait. Qu'est-ce vous faites avec une arme ?

**MANU,** *il menace Vlad.* Donnez-moi ces fringues ! Vite !

**VLAD.** Mais qu'est-ce qui vous arrive ?

**MANU.** Je vais prendre sa place ! C'était mon unité, il n'avait pas à me la prendre.

**VLAD**. Calmez-vous ! C'est fini, de toute façon.

**MARINA**. Ah bon ? On peut rentrer chez nous ? Il n'y a plus de danger ?

**VLAD**. Heu, non, pardon, je veux dire qu'il faut évacuer, il n'y a plus d'unité. Dehors, c'est encore pire que ce que disait Loïc. Il y a des camps, des dénonciations, des menaces terroristes, l'état gère ça n'importe comment, tout le monde a peur de tout le monde.

**MARINA**. Oh, mon Dieu, mais qu'est-ce que nous allons devenir ?

**VLAD**. Manu, si vous voulez être utile, rassemblez tout le monde, j'ai des choses à dire.

**MANU**. Je peux mettre le gilet quand même ?
*Il n'attend pas de réponse et le prend, très fier. Tout le monde rentre.*

**IRIS**. Manu dit que c'est la guerre civile, ce n'est pas vrai ?

**VLAD**. Ça y ressemble, les gens n'auraient pas dû laisser faire. Ils auraient dû réagir et reprendre le pouvoir, les politiques veulent sauver leur peau, le reste, ils s'en moquent.

**SARAH**. Mais qu'est-ce qu'il faut qu'on fasse ?

**VLAD**. Les plus malins s'en vont pour organiser la résistance ailleurs.

**ANNE-SOPHIE**. Où ça ailleurs ? Qu'est-ce que vous voulez dire ? Et pourquoi nous vous ferions confiance ? Vous mentez peut-être autant que l'autre, là.

**LOÏC**. J'ai pas menti ! J'ai exagéré ! C'est pas pareil quand même, faut tout vous esspliquer à vous.
*Anne-Sophie veut répondre, Marina l'interrompt.*

**MARINA**. Fermez-la, Mademoiselle. Personne n'a envie de vous entendre. *(Anne-Sophie est tellement surprise qu'elle ne trouve rien à répondre.)* Alors, j'avais raison quand je parlais de résistance !

**QUENTIN**. Génial ! On va devenir des combattants ?

**MADELEINE**. Oh bon sang ! Manquait plus que ça !

**LEÏLA**. Alors, Vlad… Qu'est-ce qu'on fait ?

**VLAD.** Le plus simple, c'est de se mettre à l'abri. Ici, nous sommes en danger, à la merci des terroristes, des milices, des A.S.A… J'ai récupéré des laissez-passer pour nous tous.
*Cris des autres "ouais, génial, bravo", etc.*

**IRIS.** Où est-ce que nous allons aller ?

**VLAD.** Nous irons à Oradea.
*Silence, ils se regardent, personne ne connaît.*

**MARINA.** Où est-ce ? Je n'ai jamais entendu ce nom.

**VLAD.** En Transylvanie.

**JULIE.** Quoi ? Mais c'est où, ça, la Transylvanie ?

**VLAD.** En Roumanie.

**ANNE-SOPHIE.** Vous êtes sérieux ?

**VLAD.** Très ! C'est une très jolie ville, ça va beaucoup vous plaire. Allez préparer vos bagages, nous avons quinze heures pour sortir, ensuite les frontières seront fermées. J'ai emprunté un camion, il est dans la cour. Vous n'avez pas le temps de discuter, soit vous venez, soit vous tentez votre chance ici, mais moi, dans un quart d'heure, je serai parti.

**IRIS.** Nous partons avec vous, mon mari est en Hongrie, nous pourrons facilement le rejoindre.

**QUENTIN.** Ouais ! Cool !
*Leïla se tient un peu à l'écart. Julie va lui prendre la main.*

**JULIE.** Maman, on emmène Leïla avec nous, hein ?

**IRIS.** Évidemment, pas question de la laisser seule ici !
*Joie des filles.*

**MADELEINE.** Moi aussi je veux être du voyage ! Les voyages forment la jeunesse !

**MARINA.** Madeleine, si vous voulez bien m'apprendre un peu de votre courage, je reste avec vous ! Vlad, vous nous servirez de guide, je suis ravie de connaître votre pays.

**VLAD.** Vous verrez c'est un beau pays, mais cessez de discuter, préparez-vous maintenant. Il faut faire vite.
*Tous sortent sauf Anne-Sophie, Sarah, Manu et Loïc toujours attaché.*

**SARAH**. Vous ne partez pas avec eux ?

**ANNE-SOPHIE**. J'ai une tête a m'exiler en Roumanie ? Bien sûr que non ! Je reste ici.

**SARAH**. Et s'il dit la vérité ?

**ANNE-SOPHIE**. Et alors ? Je ne risque rien !

**SARAH**. Au contraire, vous ferez partie de ceux dont on voudra la tête en premier, et ce ne sera que justice. Je ne vous souhaite pas bonne chance. Manu, bougez-vous, ils vont partir sans nous.

*Manu hésite puis la suit. Anne-Sophie ne sait pas quoi faire, elle regarde Loïc.*

**LOÏC**. Pupuce… Tu as oublié de me détacher ! Pupuce ? Vous voudriez pas me détacher ? *(Anne-Sophie le regarde avec mépris et sort.)* Hé, oh ! Qui c'est qui vient me détacher ? Déconnez pas, je blaguais. C'est pas grave si vous m'obéissez pas, hé oh… Dites… je l'ai pas dit mais je suis Roumain, en fait… Me laissez pas ! Je veux être un réfugié moi aussi !

*Fin.*

# L'auteur

**Florence Delorme** est comédienne, metteur en scène et professeur de théâtre. Elle écrit des pièces qui apportent un questionnement impertinent et drôle sur les questions chères aux enfants, aux adolescents et aux adultes qu'elle a dans ses ateliers. Elle dit : « Je tâche de ne pas transmettre mes doutes, je travaille sur l'estime de soi plus que sur l'ego. »

# Table

| | |
|---|---|
| Scène première | 2 |
| Scène deux | 5 |
| Scène trois | 8 |
| Scène quatre | 11 |
| Scène cinq | 13 |
| Scène six | 18 |
| Scène sept | 21 |
| Scène huit | 23 |
| Scène neuf | 27 |
| Scène dix | 32 |
| Scène onze | 34 |
| Scène treize | 40 |
| Scène quatorze | 47 |
| Scène quinze | 52 |
| Scène seize | 54 |
| Scène dix-sept | 56 |

# Du même auteur

## Aux Éditions Porta Piccola

*La Pépinière*, comédie,
*Les Nièces de Molière*, comédie,
*Les Grands Poucets*, comédie,
*La Petite*, comédie,
*Qui a tué Jules*, comédie policière,
*Les Vingt-deux Infortunes d'Arlequin*, comédie
*Tournage*, comédie,
*Ado sait tout, ado, c'est tout*, comédie,
*Les Rescapés*, comédie,
*L'Expérience*, comédie,

## Avec Pierre Launay

*Le Saut du Vent, comédie*
*Même Pas Peur*, comédie pour enfants,
*Même pas peur*, version 2015
*Les Timazo* -
    Premier épisode : *Le Batut - Le Mauvais Violon.*
    Deuxième épisode : *La Cave de l'Essor - Le Pays silencieux*

www.ingramcontent.com/pod-product-compliance
Lightning Source LLC
Chambersburg PA
CBHW061957070426
42450CB00011BA/3180